KB270845

# Good Bye Grammar

굿바이 그래머

written by Mr. Sun

OLD STAIRS

Good Bye Grammar

# 굿바이 그래머

**2판 1쇄** 2014년 9월 1일

저　　자　Mr. Sun
삽　　화　이지원
펴 낸 곳　OLD STAIRS
출판 등록　2008년1월10일 제300-2008-3호
주　　소　서울시 마포구 서교동 464-7
이 메 일　oldstairs@daum.net

가격 10,000원
ISBN 978-89-97221-31-8
　　　978-89-97221-30-1 (세트)

Good Bye Grammar

# 굿바이 그래머

written by Mr. Sun

요즘은 다행히도 그렇게들 하지 않는다고 하더군요.
하지만 제가 학교에 다닐 때만 해도 수학은
그저 수에 관한 이야기일 뿐이었습니다.
세상 어디에도 실제로는 존재하지 않을 것 같은 이상하게 생긴
수식을 이유도 모른 채 그저 풀어대는 것이었죠.
그래서 사람들은 이렇게 이야기합니다.
수학 배워봐야 사회 나가면 아무 쓸모 없다고.
그딴 거 몰라도 연애하고, 부자 되고 잘 살 수 있다고 말이죠.
여러분은 어떻게 생각하시나요?

$$\sqrt{\tfrac{1}{2}S(S-1)\pi^{-S/2}\Gamma\left(\tfrac{S}{2}\right)\mathfrak{Z}(S)^{\theta\pi}}$$

1+1이 2가 되는 이유는 누가 뭐래도
양손에 사과를 가지면 두 개가 되기 때문입니다.
수학책이 그렇게 말하기 때문이 아니란 말이죠.
그렇기 때문에 수학은 수로만 존재해서는 안 되는 것입니다.
우리가 울고 웃고 사랑하며 살아가기를
조금 더 편리하게 하는 것이 바로 수학이기 때문이죠.
아니 수학뿐만 아니라 우리가 배우는 모든 것은
그 자체가 목적일 수 없습니다.
물론 요즘은 많이 달라졌다고 하더군요. 정말 다행입니다.

🍎 + 🍎 = 2

이 책은 영어책이니, 수학 이야기는 이쯤에서 그만하기로 하죠.
그러면 영문법은 어떤가요? 어떤 사람들은 영문법이
필요 없다고도 합니다. 두말할 필요 없는 당연한 이야기입니다.
왜냐하면, 영문법은 목적이 아니니까요. 단지 누군가와
행복하게 대화하기 위한 편리한 방법에 불과하니까요.
하지만 문제는 영문법이 우리를 그다지
편리하게 하지 않았다는 것입니다. 수학이 사과나무로부터
많이 떨어져 자기들끼리 허공에 둥둥 떠 있었듯이
영문법 역시 그 근원과 많이 떨어져 있었습니다.
그 근원은 바로 우리의 마음입니다.

이제 저와 함께 조심스럽게
당신의 마음속으로 들어가 보려 합니다.
과연 당신이 영문법을 원하게 될까요? 과연 당신이 영문법을
편리하다고 느끼게 될까요? 이를 궁금해하다 보면 저는 벌써
가슴이 두근거립니다. 요즘은 다행히도 그런 식으로
수학을 공부하지는 않는다고 하더군요.
그럼 이제 영문법의 차례입니다.

# Contents

START ▶

당신은 오늘 모든 것을 잊은 채
이 세상에 다시 태어났습니다.
그곳이 어디인지는 크게 상관이 없습니다.
그냥 사막 한가운데라고 생각해 보죠.

당신은 눈을 뜨고 주위를 둘러봅니다.
가장 먼저 눈에 들어온 것은 모래였습니다.
그러나 그것이 모래라는 사실은
그다지 중요하지 않았습니다.
왜냐하면,
세상이 온통 모래로 덮여 있었기 때문입니다.
모래 외에는 아무것도 없는데
모래와 모래를 구분할 수는 없는 일이니까요.

당신이 두 번째로 발견한 것은 하늘이었습니다.
하늘은 모래와는 달리 파란색이었습니다.
저 멀리 하늘과 모래의 경계선도 보였습니다.
하늘은 만질 수 없는 어떤 것이었습니다.
모래와는 달리 말이죠.

그래서 당신은 하늘과 모래를 구분하기 시작했습니다.
그리고 서로 다른 이 두 가지에
각각 다른 이름을 붙여줘야겠다고 생각했습니다.
당신은 하늘을 sky라고 부르기로,
모래를 sand라고 부르기로 했습니다.
당신이 그렇게 정하는 순간 그것들은
그것들의 이름이 되었습니다.

# 01

## 첫 번째 재료

더는 새로 이름을 붙여 줄 대상이 없자
당신은 새로운 사물을 찾아 나서기 시작했습니다.
그러던 중 당신은 사자를 만났습니다.

당신이 사자에게 'lion'이라는 이름을 붙여주려고
생각하는 찰나
갑자기 사자가 벌떡 일어서서 당신을 쫓아오기 시작합니다.
당신은 두려움에 도망치다가 나무 위로 몸을
피했습니다. 겨우 목숨을 구한 것입니다.
사자가 돌아간 후 당신은
이 사건을 다른 사람에게 말하고 싶어졌습니다.

그러나 사물의 이름만으로 이 일을 설명하기는
불가능했습니다. 당신이 할 수 있는 일이란
'사자'라는 단어와 '나'라는 단어를 계속해서
반복해 말하는 일뿐이었습니다.

당신은 명사만으로 이 상황을 설명하기엔 무언가
부족하다는 것을 느꼈습니다.

# 02

사자와 나.
이렇게 둘은 그냥 가만히 존재하는 것이 아니었습니다.
그래서 '따라오다'라는 표현을 생각해냈습니다.
'동사'를 발견한 것입니다.
이제 당신은 사자와 당신에게 일어난 일을
설명할 수 있게 되었습니다.
문장의 앞쪽에 있는 사자가 뒤쪽에 있는
나에게 어떤 일을 했는지 나타내는 식입니다.
이때 동사는 한가운데에 위치합니다.

이러한 방식은
'행동'이나 '움직임'을 표현할 때만 사용할 수 있습니다.
하지만 상관없습니다.
왜냐하면, 우리가 어떤 말을 한다면
그것은 분명 어떤 것의 '행동'이나 '움직임'에 대한
이야기일 테니까 말이죠.

"아닌가?" 당신은 걸음을 멈춰 섰습니다.
"행동이나 움직임 말고도
무언가 할 말이 있을지도 모르지."

당신은 다시 사자를 떠올렸습니다. 그동안은
놀란 마음에 사자의 움직임에만 신경 썼습니다.
하지만 가만히 생각해 보니 사자에 대한 정확한 설명은
오히려 움직임이 아닌 것이 훨씬 더 많았습니다.
이를테면 사자의 크기나 색, 혹은 사자의 성격
같은 것들 말입니다. 이에 비하면 오히려 '행동'이나
'움직임'은 순간적인 것에 불과했습니다.

가만히 생각해 보니 '행동'이나 '움직임'이 아니라면
모두 등식 '=' 관계로 설명할 수 있었습니다.
이런 방식으로 날 쫓아오던 그 사자의 이름을
따로 지어주기로 했습니다.

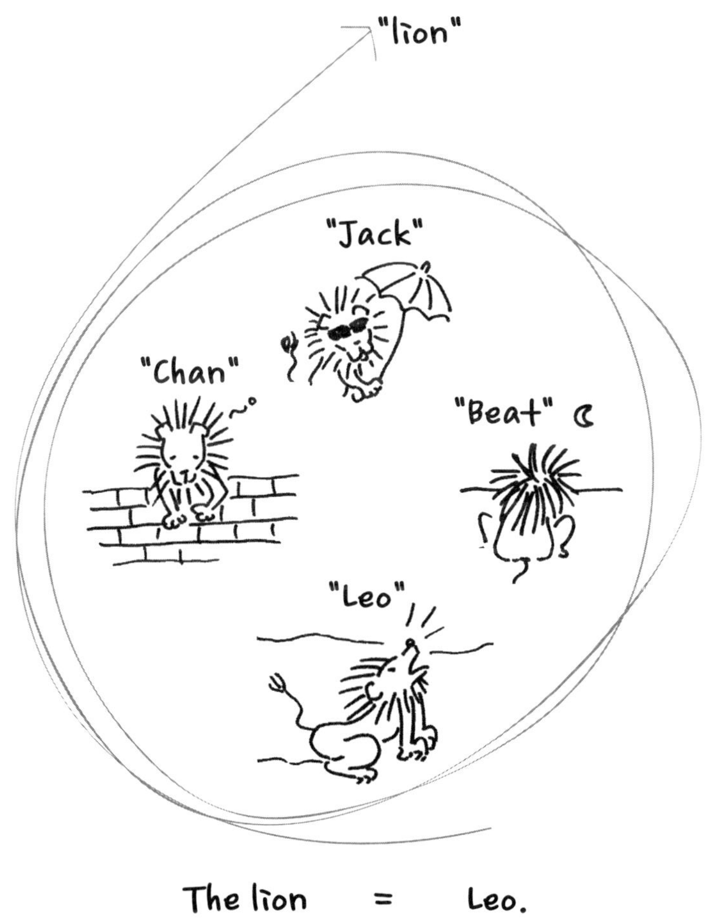

이제 당신은 무엇과 무엇은 똑같다는 표현도 할 수 있게 되었습니다.
이제 당신은 진짜로 모든 것을 말할 수 있게 되었고,
이제 당신은 진짜로 기분이 좋아졌습니다.
또한, 앞으로는 '=' 표시 대신에 'is'라는 동사를 사용하기로 했습니다.

· The lion is Leo.
· The lion is big.
· The lion is brown.

is 동사는 정말 간편합니다.
사자에 관해 이야기할 때면 모조리 is만 사용해주면 됩니다.
하지만 주어에 따라 조금씩 다른 말을
써주면 어떨까 생각해 보았습니다.

· He is Leo.
· I am Leo.
· You are Leo.

이렇게 사용되는 am, are, is는
모두 '='이라는 똑같은 의미를 지닙니다.
이것들 모두를 묶어 be 동사라고 부르기로 했습니다.

이처럼 동사는 우리가 두 번째로 쉽게 받아들이는 개념입니다.
완성된 문장을 만들기 위해서는
명사와 동사 이렇게 두 가지가 꼭 필요합니다.

일반동사가 사용된 ‘일반동사 문장’과 be 동사가 사용된
‘be 동사 문장’은 영어 문장의 전부라고 할 수 있는
두 개의 형태입니다.
영어뿐 아니라 한국어를 포함한 세상의 모든 언어가
마찬가지입니다. ‘행동했다’ 혹은 ‘똑같다’
이렇게 두 가지 경우밖에는 없는 것입니다.

• 행동했다

명사  +  동사  +  명사

• 똑같다

명사  +  be동사  +  명사

완성된 문장을 만들 수 있게 된 당신은 기분이
좋아졌습니다. 그래서 사막의 이곳저곳을 걸으며
눈에 보이는 두 개의 사물을 이용해 문장을 만들어
보았습니다. 이 작업은 매우 간단하고 재미있습니다.
두 개의 사물 사이에 동사만 넣어주면 됩니다.

- Elephants <u>drink</u> water.
- Elephants <u>are</u> big.

그러다 당신은 문득 당신이 하는 행동을
말해보기로 했습니다. 당신은 그냥 걷고 있습니다.
사방이 사막뿐이니 딱히 어디를 향해 걷는 것도
아니었습니다. 그저 걷고 있을 뿐이었습니다.

참 이상했습니다. 두 번째 명사로 사용할 만한 것이
없는 깃이있습니나. 그섯보다 더 이상한 것은
그럼에도 불구하고 부족한 느낌이 없었습니다.
두 단어에 불과했지만 이미 표현하고 싶은 것은
모두 표현된 것입니다. 그리고는 당신은 깨달았습니다.
어떤 행동은 두 단어만으로 설명할 수 있었습니다.

• 주어와 동사, 이렇게 두 단어로 설명이 가능한 행동 :

- I walk.
- I get up.
- I sit.
- I run.
- I sleep.

당신은 이러한 동사들을, 혼자서 행동을 완성한다는
의미로 '자동사'라고 부르기로 했습니다.
반대의 경우는 '타동사'라고 부르기로 했습니다.


당신이 이런 생각에 빠져있을 때
사람들이 당신을 찾아왔습니다.
사람들은 그들이 당신이 본 것과 똑같은 사자를
보았다고 이야기했습니다.
사람들은 그 사자의 크기가 사람의 키와 같았다고
이야기했습니다.

# 03

**세 번째 재료, 형용사**

하지만 당신이 생각하기에
그 사자는 Leo가 아니었습니다.
Leo의 앉은키는 사람의 키와 비슷한 정도의 크기였습니다.

Leo는 큰 사자였습니다.
당신은 이것을 설명할 방법이 필요했습니다.

**big lion**

big은 명사도 아니고 동사도 아닙니다.
big은 lion을 설명하는 역할을 하고 있습니다.
이처럼 명사를 형용하는(꾸미는) 것들을
형용사라 부릅니다.

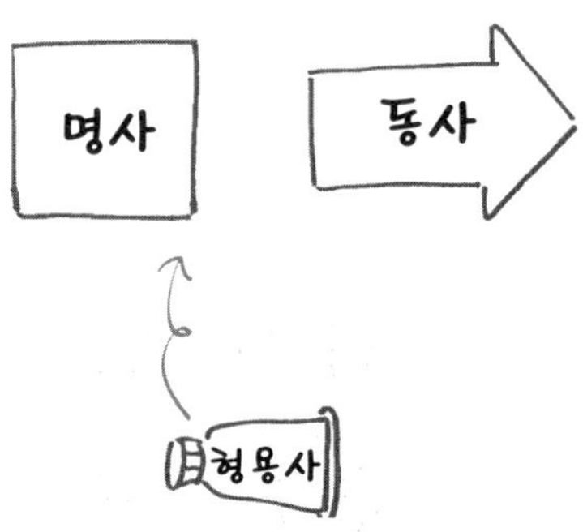

형용사를 발견한 당신은 더욱 정확하게 명사를
설명할 수 있게 되었습니다.
당신은 기분이 좋아졌습니다.
그래서 Leo를 설명하는
완성된 문장을 만들어보기로 했습니다.



형용사는 명사의 바로 옆에서 보기 좋게
사자를 꾸며주고 있었습니다.
하지만 레오를 설명하는 데
좀 더 간단한 방식이 있었습니다.
필요 없어 보이는 lion을 빼 버리는 것이었습니다.

이렇게 하고 보니 훨씬 간단하고 좋았습니다.

이것이 법칙이 되려면 더 많은 예가 필요했습니다.
그래서 사자를 이용해 다른 말을 만들어보기로 했습니다.

· 사자는 크다.

· 사자는 멋지다.

· 사자는 빠르다.

· 사자는 갈색이다.

역시 형용사들이 많이 사용되었습니다.
그렇다면 형용사의 사용은
다음 두 가지로 정리할 수 있을 것 같습니다.

1. Leo is a big lion.
   형용사는 주로 명사 옆에서 사용된다.

2. Leo is big.
   형용사는 be 동사 뒤에서도 사용된다.

이제 당신은 명사와 동사뿐 아니라
형용사도 발견했습니다.
형용사 덕분에 더 많은 표현을 말하게 된 걸
생각하니 당신은 기분이 좋아졌습니다.
그래서 사자를 설명하는
다음 두 개의 표현을 더 만들어 보기로 했습니다.

나무 아래의 사자

잠자는 사자

우선 첫 번째 표현부터 생각해 보았습니다.
이 표현은 지금껏
만들어 본 적이 없는 표현이었습니다.


**나무 = tree**
**나무 아래에 = ?**


당신은 '나무 아래에'라는 형용사를
직접 만들어내기로 했습니다.
스스로 단어를 만들어낸다고 생각하니
당신은 왠지 기분이 좋아졌습니다.

# 04



명사의 변신

막상 '나무 아래에'라는 형용사를 만들려니 그것은
쉽지 않은 일이라는 사실을 깨닫게 되었습니다.
왜냐하면 '나무 아래에'라는 형용사를 새로 만들어낸다면
다음의 형용사들도 모두 따로 만들어야 할 것만
같았기 때문입니다.

문제는 이것만이 아니었습니다.
세상에는 나무 말고 돌도 있었던 것입니다.
그럼 당신은 결국 다음 표현들도 모두 따로 만들어야
할 것만 같았습니다.

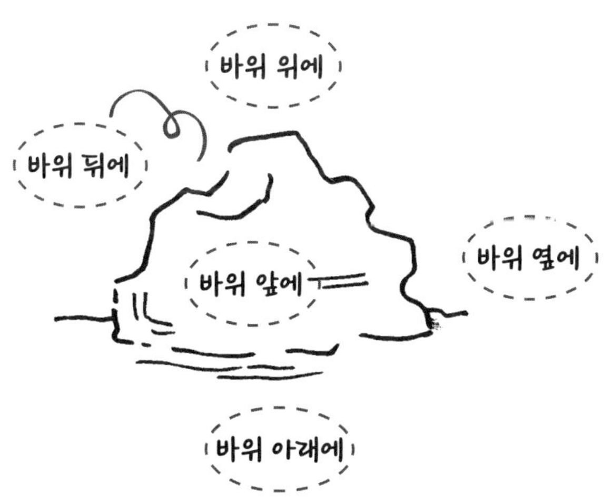

당신은 매우 우울해졌습니다.
이런 식으로 형용사들을 모두 만들어대다가는
머리가 터져버릴 게 분명했습니다.
또 그것을 다 기록하거나 기억하는 것도
너무나 힘든 일처럼 보였습니다.

이제 당신은 형용사 단어 만들기에 흥미를 잃었습니다.
그리고 잠시 후 한 가족을 만났습니다.
그 가족의 아빠는 사냥에서 돌아오고 있었고,
아들은 야자수 열매를 따고 있었습니다.
그리고 엄마는 부엌에서 요리하고 있었습니다.

이들 셋 모두 칼을 들고 있었습니다.
똑같은 칼이지만 누가 사용하느냐에 따라
다른 역할을 하고 있었습니다.
순간 당신은 번뜩이는 아이디어가 생각났습니다.
칼과 사람의 조합처럼 단어들을
조합해서 사용하는 방식이었습니다.

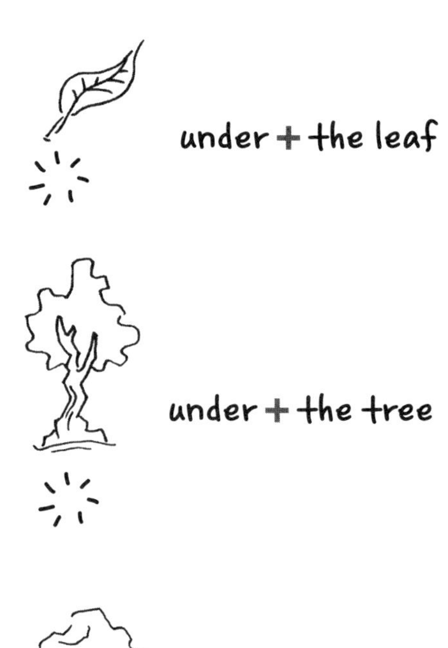

이것은 매우 효과적인 방법이었습니다.
몇 개 안 되는 단어들만 가지고도 수많은
형용사들을 만들어낼 수 있었습니다.

beside + the leaf

beside + the tree

beside + the stone

당신은 기분이 좋아졌습니다.
그리고 이때 새로 사용된 단어들을 '전치사'라고
부르기로 했습니다.

**전치사 ✚ 명사 = 형용사**

자. 이제 이렇게 만들어진 형용사를 이용해
사자를 꾸며볼 차례입니다. 당신은 조금씩 흥분하고
있었습니다. 이 일은 매우 쉽고도 단순한 일입니다.
형용사는 단지 명사 옆에 붙여주기만 하면
되는 일이었으니 말입니다. 이렇게 말이죠.

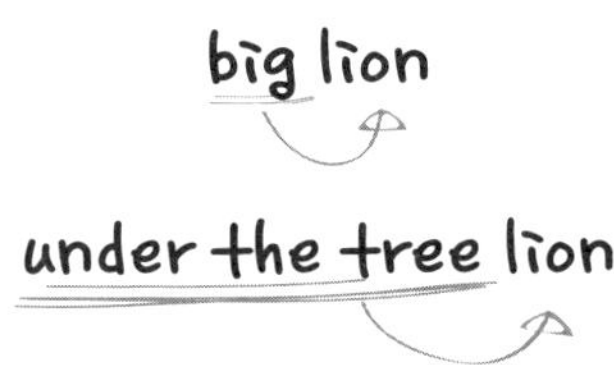

하지만 당신은 뭔가 아리송한 기분이 들었습니다.
under the tree보다 lion을 먼저 말하면 어떨까?
하는 생각이었습니다. 왜냐하면, 중요한 것을
먼저 말하고 싶었기 때문입니다.
이렇게 긴 형용사를 먼저 말하는 것은
뭔가 지루한 일처럼 느껴졌습니다.

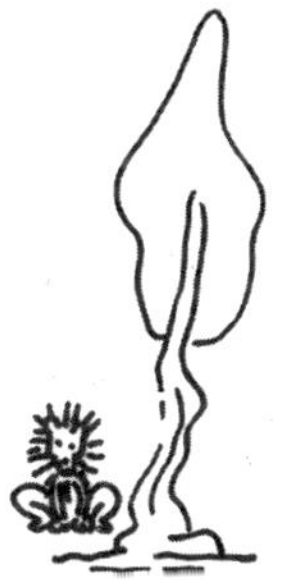

lion을 기준으로 under the tree를
'어디에 둘까?'

순간 당신은 어마어마하게 중대한 결정을
해버리고 맙니다. 이후 수천수만 년에 걸쳐 지구 상의
모든 인류에게, 그리고 영어뿐 아니라 다른
수많은 언어들에 영향을 줄 만한 그런 결정 말입니다.

그 결정은 다음과 같습니다.

1. 중요한 것 먼저 말하자.
2. 그러기 위해서 두 단어 이상 긴 형용사는 명사의 뒤에서 꾸미자.

이 결정으로 인해
다음과 같은 표현이 완성되었습니다.

당신은 이제 명사, 동사, 형용사 외에도 전치사라는
단어를 발견했습니다. 하지만 전치사는 왠지
다른 단어들과는 뭔가 달라 보였습니다.
그래서 전치사는 어떻게 다른지 생각해보았습니다.

우선 명사를 기준으로 생각해보았습니다.
명사의 관점에서 볼 때 전치사란 명사를 형용사로
변신시키는 도구입니다. 명사는 혼자 있을 때만
명사입니다. 명사의 앞에 전치사를 붙이는 순간 더는
명사가 아닌 형용사가 되어버립니다.

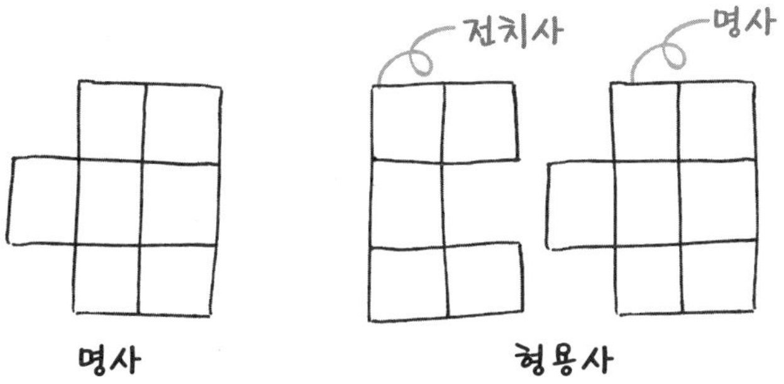

다음으론 전치사를 기준으로 생각해보았습니다.
전치사의 관점에서 볼 때 명사는 구세주와도 같은
존재입니다. 왜냐하면, 전치사는 명사 없이 혼자서는
절대로 사용될 수가 없기 때문입니다.
예를 들어 당신이 큰 소리로 다짜고짜 '위'라고
소리를 친다면, 어떤 이는 자신의 머리 위를 볼 테고,
어떤 이는 자신의 발 위를 볼 테고,
어떤 이는 나무 위를 볼 것입니다.
이는 매우 당연한 결과입니다.
왜냐하면, 단지 '위'라고 말했을 뿐
그 기준을 말해주지 않았기 때문입니다.

따라서 전치사는 항상 기준이 필요합니다.
다시 말해 전치사는 명사가 필요합니다.
다시 말해 전치사는 절대로 혼자서 사용될 수 없습니다.
다시 말해 전치사는 명사를 변신시키는
변신 도구에 불과합니다.

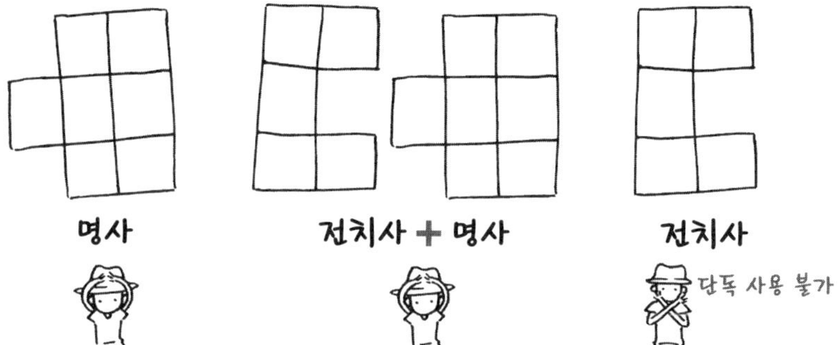

명사를 변신시켜 형용사를 만들 수 있게 된 당신은
이제 기분이 매우 좋아졌습니다.
그래서 아까 생각해 두었던 두 번째 표현에
도전해보기로 했습니다.

잡자는 사자

하지만 이것은 '전치사 + 명사'의 형태로
만들어낼 수 있는 형용사가 아니었습니다.
'잠자다'는 애초에 명사가 아니기 때문이었습니다.
당신은 또 우울해졌습니다.

# 05



하지만 그것은 그다지 크게 낙담할 일이 아니었습니다.
왜냐하면, 당신은 이미 '변신'의 개념을 이해했기 때문입니다.
'잠자다'가 동사라면 동사를 변신시키면 될 일이었습니다.
당신은 다시 기분이 좋아졌습니다.

이제 당신에게 필요한 것은 동사의 변신 도구였습니다.
마치 명사에 전치사를 붙여주듯이
동사에도 무언가를 붙여줘야 했습니다.
그러나 그 전에 잠시
이 둘의 차이를 생각해보기로 했습니다.

명사는 사물입니다.
전치사는 그 사물을 기준으로 한 위치입니다.
하나의 사물을 기준으로 위치를 표현하자면
사방, 팔방, 위, 아래, 안, 밖, 주위 등
매우 많은 위치를 표현할 수 있게 됩니다.
따라서 전치사는 매우 여러 가지입니다.

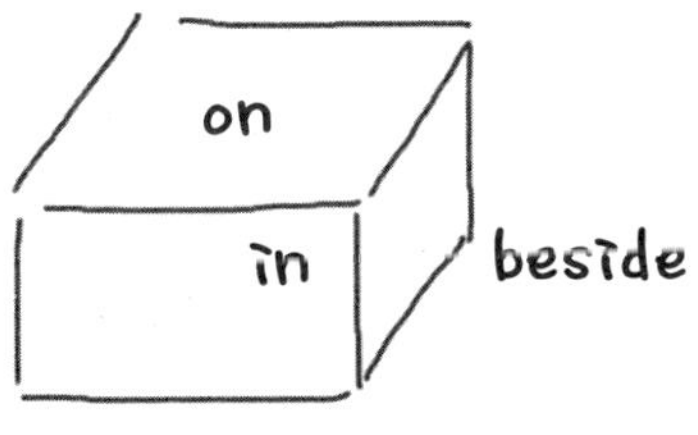



사물의 특성 : 위치

하지만 동사는 행동입니다. 행동은 사물이 아닙니다.
따라서 전치사처럼 여러 가지로 위치를 표시할
필요가 없었던 것입니다.
하지만 행동에는 다른 특성이 있었습니다.
바로 시간이었습니다.

행동의 특성 : 시간

그렇기 때문에...
당신은 동사 자체에도 시간의 개념을 주고 싶었습니다.



fry     : 튀기다 (현재형 동사)
fried : 튀겼다 (과거형 동사)

그리고 동사에서 변신한 것들에도 시간의 개념을
주고 싶었습니다.



to fry : (앞으로) 튀길
frying : (현재에) 튀기고 있는
fried  : (과거에 이미) 튀겨진

# to + 동사

우선 미래를 의미할 때는 to를 사용하기로 했습니다.
투~ 투~ 하는 소리에서
왠지 미래적인 느낌을 느꼈기 때문입니다.

to + 동사 = 미래형용사(to부정사)

a lion to catch

(잡아야 할 사자)

--------------------------------------

to + 동사는 항상 명사의 뒤에 둡니다.

--------------------------------------

# 동사 + ing

현재에 관한 변신 도구는 ing로 정했습니다.
잉~ 잉~하는 소리가 뭔가 진행 중인 느낌을
주는 것 같다고 당신은 생각했습니다.


Sleep + ing = 현재형용사(현재분사)


a lion <u>sleeping alone</u>

(혼자서 잠자는 사자)

---

역시 앞에서 결심한 대로 두 단어 이상의
형용사는 뒤에서 꾸미는 것이 좋아 보입니다.

---

# 동사 + ed

과거에 관한 도구는 ed로 정했습니다. 드~ 드~ 하는
소리에서 왠지 과거라는 느낌을 받았기 때문입니다.


**동사 + ed = 과거형용사(과거분사)**


## a lion chased by a cat

(고양이에게 쫓긴 사자)

--------------------------------------------------

과거분사는 단순한 과거의 의미가 아니라
'~되어진'이라는 의미가 있게 되었습니다.

--------------------------------------------------

이렇게 해 놓고 나니 한 가지 문제가 생겼습니다.
'튀겼다'는 동사와 '튀겨진'이라는
형용사의 형태가 같았던 것입니다.

**fried : 튀겼다 (동사)**
**fried : 튀겨진 (형용사)**

당신은 이 문제를 어떻게 처리할지 고민하기 시작했습니다.
똑같은 형태를 사용하는 것은
편리한 면과 혼동되는 면을 모두 가지고 있었습니다.

고민 끝에 당신은 매우 적절한 결론을 내렸습니다.
먼저 동사들을 자주 사용되는 동사들과
그렇지 않은 동사들 이렇게 둘로 나누었습니다.

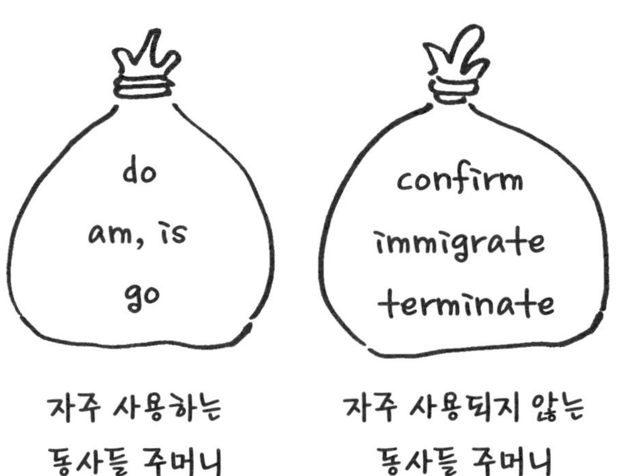

이 중에서 자주 사용되지 않는 동사들은 그대로 두었습니다.

| 현재 | 과거 | 과거분사 |
| --- | --- | --- |
| immigrate | immigrated | immigrated |
| confirm | confirmed | confirmed |
| terminate | terminated | terminated |

반면 자주 사용되고 길이가 짧은 동사들만을 골라서
불규칙 변화를 만들어 주었습니다.

| 현재 | 과거 | 과거분사 |
| --- | --- | --- |
| do | did | done |
| go | went | gone |
| am, is | was | been |
| are | were | been |
| see | saw | seen |

이렇게 해서
당신은 이제 다섯 가지 형태의 형용사를 만들어냈습니다.

- **원래 형용사**
- **전치사 + 명사**
- **to + 동사**(to부정사)
- **동사 + ing**(현재분사)
- **동사 + ed**(과거분사)

이제 어떤 사물이든지 걸리기만 하면 형용사를
이용해 마구 꾸며줄 수 있게 되었습니다.
당연히 당신은 기분이 좋아졌습니다.
그래서 이러한 표현들을 사람들에게
시험 삼아 말해보기로 했습니다.

당신은 사람들을 불러 모았습니다.
그리고는 이렇게 소리쳤습니다.

하지만 이상하게도 사람들은 아무런 반응이
없었습니다. 단지 몇 사람만이 서로를 쳐다보며
눈을 깜빡일 뿐이었습니다.
당신은 곧 그 이유를 알아냈습니다.
그것은 완성된 문장이 아니었기 때문이었습니다.
그것은 단지 명사와 이를 꾸미는 형용사에 불과했습니다.

어떻게 하면 형용사로 문장을
만들 수 있을지 당신은 고민했습니다.
생각해보니 형용사들은 뭐니 뭐니 해도
be 동사 문장과 가장 잘 어울렸습니다.

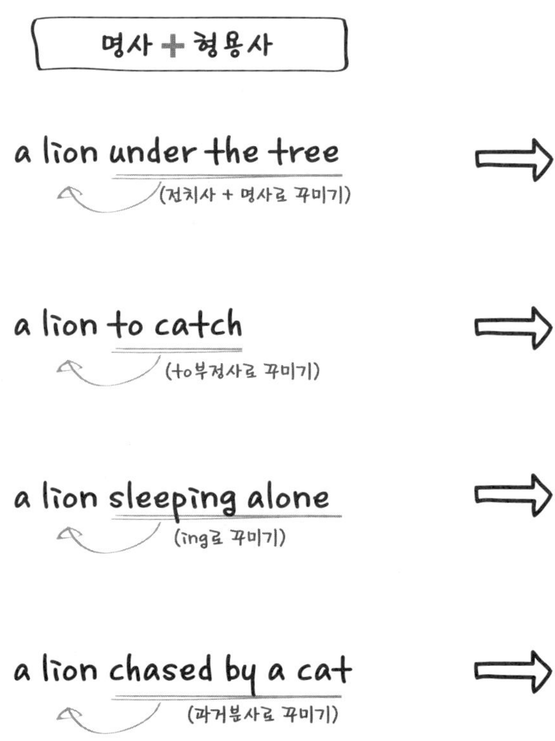

그래서 당신은 여러 가지 형용사들을 모아 모조리
be 동사 문장에 넣어보기로 했습니다.

be동사 문장

A lion is under the tree.


잘 사용되지 않음


A lion is sleeping alone.
(현재 진행형)


A lion was chased by a cat.
(수동태)

당신은 이제 다섯 가지 형용사 표현들을 이용해
명사를 꾸밀 수 있습니다.

**명사 + 다섯 가지 형용사**

또한, 당신은 이제 네 가지 형용사 표현들을 이용해
be 동사 문장을 완성할 수도 있습니다.

**be동사 + 네 가지 형용사**

한마디로 당신은 형용사 표현의 달인이 되었습니다.
물론 당신은 기분이 좋아졌습니다.

# 06

네 번째 재료, 부사

당신은 계속해서 사자와 있었던 일을
사람들에게 설명했습니다.
당신은 사자를 피해 달려야만 했던 상황을
사람들에게 설명했습니다.

I ran. (나는 달렸다.)

하지만 이렇게 말하고 나니 뭔가 허전함을 느꼈습니다.
왜냐하면, 당신은 목숨이 위태로울 만큼
위험한 상황에 처해 있었고,
따라서 당신은 조금이라도 더 빨리 달리기 위해
엄청나게 최선을 다했기 때문입니다.
따라서 당신이 어떻게 달렸는지를 사람들에게
꼭 말하고 싶어졌습니다.
그래서 당신은 이렇게 이야기했습니다.

I ran fast. (나는 빠르게 달렸다.)

이렇게 말하는 순간 당신은 스스로
깜짝 놀랐습니다. 왜냐하면, 무언가 지금까지
겪어보지 못한 이상한 말을 해 버렸기 때문입니다.

물론 이것은 fast 때문이었습니다.
하지만 이것은 당연한 일이었습니다.
왜냐하면, 당신이 이 말을 하던 의도 자체가
당시의 상황이나 움직임에 관해 설명하려는
것이었기 때문입니다. 왜냐하면, 지금까지는
사물을 꾸미는 일에만 몰두했었기 때문입니다.

하지만 당신은 행동이 일어난 상황을 설명하는 일도
꽤 중요하고 유용한 일이라고 느꼈습니다.

당신은 이러한 표현들을 '부사'라고
불러주기로 했습니다.

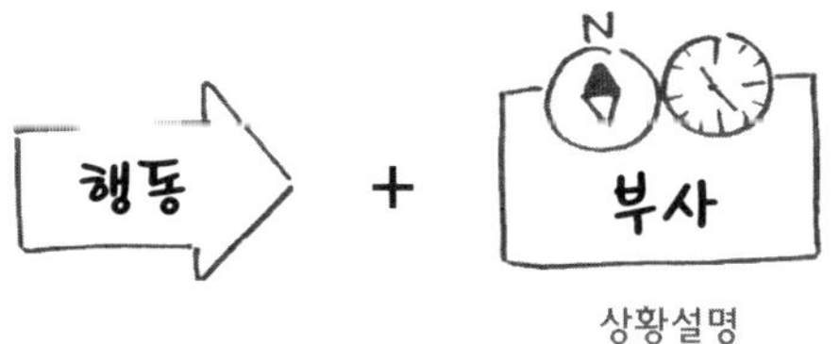



상황설명

당신은 이러한 부사를 어디에 넣어주는 것이
좋을지 생각해보았습니다.

**부사의 위치는?**

그러다가 이내 귀찮아졌습니다.
그래서 그냥 맨 뒤에 넣기로 했습니다.

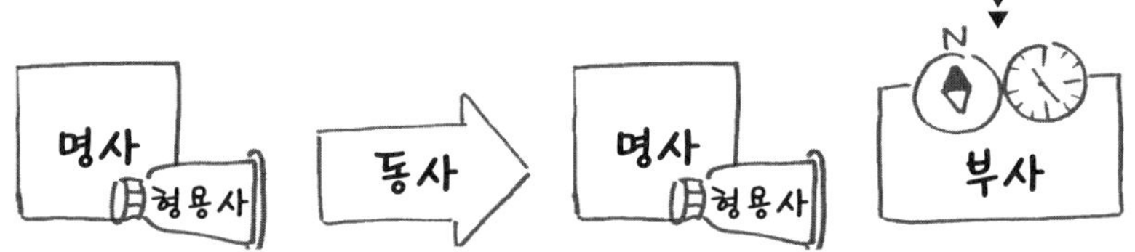


이렇게 결심한 것은 참 잘한 일 같았습니다.
왜냐하면, 중요한 것을 먼저 두기로 한 원래의
결심에도 일치했기 때문입니다.


하지만...
당신은 또 멈춰 섰습니다.
당신은 생각이 참 많습니다.

당신은 처음 사자를 만났을 때를 떠올렸습니다.
당신은 목숨을 걸고 뛰어야만 했습니다.
당신은 사자를 이미 따돌렸지만
그래도 마음은 진정되지 않았습니다.
뛰고 또 뛰어서 사람들을 만났을 때
당신은 숨이 턱까지 차올랐습니다.

사람들은 당신에게 왜 뛰는 거냐고 물었습니다.
당신은 그것이 사자 때문이라고 대답했습니다.
사자 때문에...

그렇습니다. 이것은 문장이 아니었습니다.
단지 배경을 설명하는 부사 표현에 불과했습니다.
하지만 순간, 이 표현은 당신에게
가장 중요한 표현이었습니다.

당신은 아마 이렇게 말할 수도 있었을 것입니다.
부사 표현은 맨 뒤에 말하기로 이미 결정했으니까요.

**I ran because of a lion.**

그러나 당신은 그러고 싶지 않았습니다.
적어도 이 순간만큼은 말이죠.
그렇다면 아마도 이렇게 말하는 것이 적절할 것입니다.

**Because of a lion, I ran.**

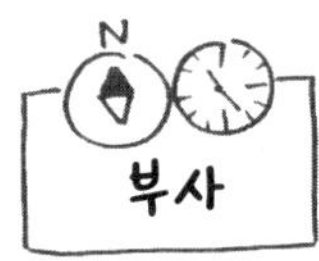


I 앞의 (comma)는 부사를 먼저 말했다는 표식입니다.

당신은 이제 부사에 대해 더 많은 것을 이해했습니다.
우선 부사가 문장의 맨 앞이나 맨 뒤에
사용될 수 있다는 것을 발견했습니다.
내친김에 당신은 부사의 위치에 대해 좀 더 생각해보았습니다.
그리고 간혹 어떤 부사는 독특한 위치를 가지는 것이
좋겠다고 생각했습니다.


간혹 어떤 부사는 아무 데나 사용될 수 있습니다.

Sometimes, I miss you.
I sometimes miss you.
I miss you sometimes.


간혹 어떤 부사는 위치가 정해져 있습니다.

So, I love you.
I really love you.
I love you so much.

# 07

**언어의 네 가지 재료**

그건 그렇고 당신은 기분이 매우 좋아졌습니다.
왜냐하면, 당신은 이제 영어를 만드는 네 가지 재료를
모두 이해했기 때문입니다.

그중에서 명사와 동사는 특히 이해하기 쉽습니다.
명사는 사물의 이름을 나타내고,
동사는 사물의 움직임을 표현합니다.

하지만 형용사와 부사는 뭔가 확실하지가 않습니다.
형용사는 명사를 꾸미고,
부사는 문장 전체를 꾸민다는 것은 이해했지만
구체적으로 어떤 의미를 담고 있는지 궁금해졌습니다.

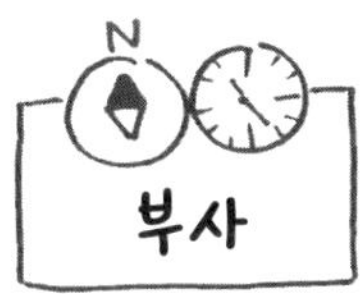


먼저 형용사에 대해 생각해보았습니다.

**형용사란 무엇일까?**

who am I

아무리 생각해도 실마리가 보이지 않았습니다.
당신은 답답해졌습니다.
당신은 질문을 다시 해 보기로 했습니다.

**형용사란 왜 존재하는가?**

what do I do

이렇게 질문을 바꾸고 나니 해답의 실마리가 보였습니다.
해답은 명사가 가지고 있었던 것입니다.
당신은 다시 질문했습니다.

명사, 다시 말해 사물에는 어떤 특성이 있는가?
이 특성을 설명하는 모든 것이
바로 형용사가 되는 것이었습니다.
사물은 다음과 같은 성질을 가지고 있었습니다.

| | |
|---|---|
| **사물의 수량** | one, two, many |
| **사물의 좋고 나쁨** | good, bad |
| **사물의 크기** | big, small |
| **사물의 나이** | old, new |
| **사물의 온도** | hot, cold |
| **사물의 모양** | long, short |
| **사물의 색** | black, white |
| **사물의 기원** | Chinese |
| **사물의 재료** | plastic, wooden |

한 번에 많은 형용사를 사용하고 싶다면
이와 같은 순서로 나열할 수 있습니다.

하지만 순서는 크게 중요하지 않습니다.
또 노력하지 않아도 자연스럽게 익혀집니다.

이번에는 부사의 차례입니다.
이번엔 좀 더 쉽게 결론을 얻었습니다.

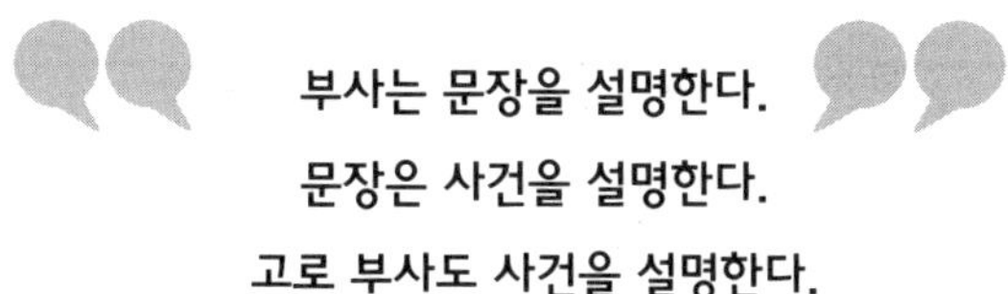

부사는 문장을 설명한다.
문장은 사건을 설명한다.
고로 부사도 사건을 설명한다.

**사건!**

# 08



이렇게 생각하는 순간 당신의 뇌리를 스치고 지나가는
하나의 사건이 있었습니다. 사건을 설명하는 데는
육하 원칙이 필요합니다.

이렇게 여섯 개의 내용 중에서 '누가'와 '무엇을 했는가'는
문제의 핵심입니다.

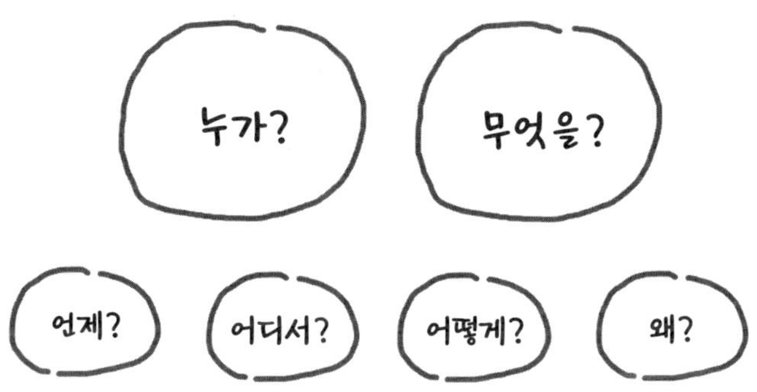


그러므로 문장의 기본 구조가
이 두 가지를 맡아 설명합니다.

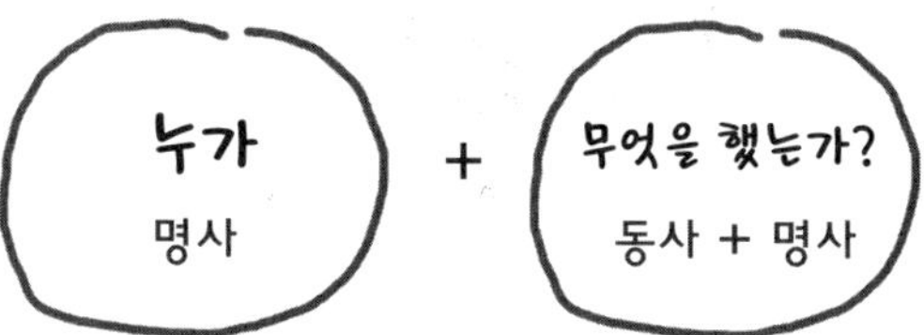

그리고 나머지 네 가지 설명은
모두 부사가 맡습니다.

여기까지 생각해 낸 순간
당신은 엄청난 사실을 깨달았습니다.

어디서? 어떻게? 언제? 왜?
이렇게 네 가지 내용은
문장의 맨 뒤에 사용된다는 사실입니다.

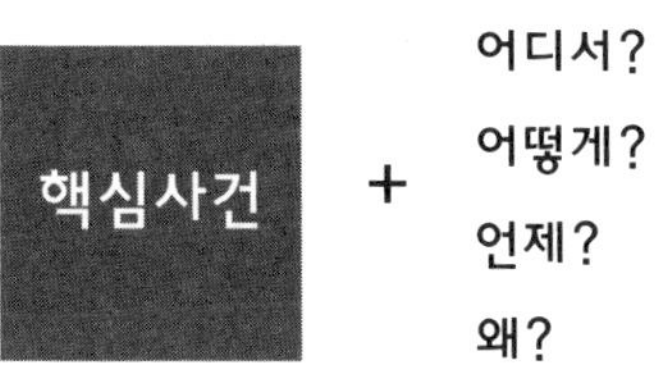


이 사실을 발견한 당신은 기분이 매우 좋아졌습니다.
그래서 이러한 규칙을 이용해 사자를 만났던
당시 상황을 더 설명해보기로 했습니다.

A lion ran + ?
핵심사건　　나에게

# 09

**자동사와 타동사**

당신은 그냥 이렇게 말할 수도 있었을 것입니다.

A lion ran me.

그러나 당신은 역시 생각이 많습니다.
다음과 같은 생각을 하기 시작했습니다.

동사 중 반은

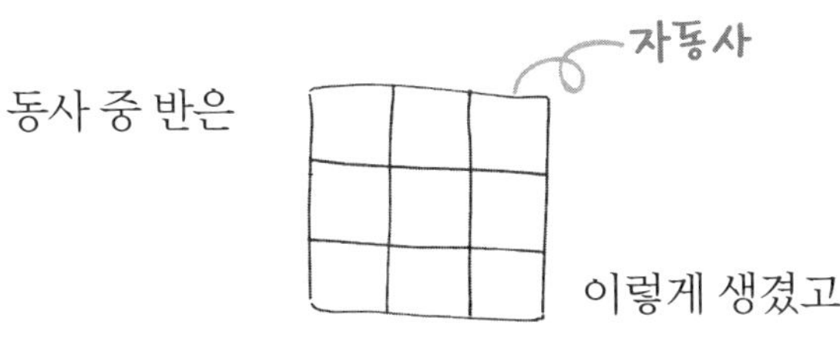


이렇게 생겼고

나머지 반은

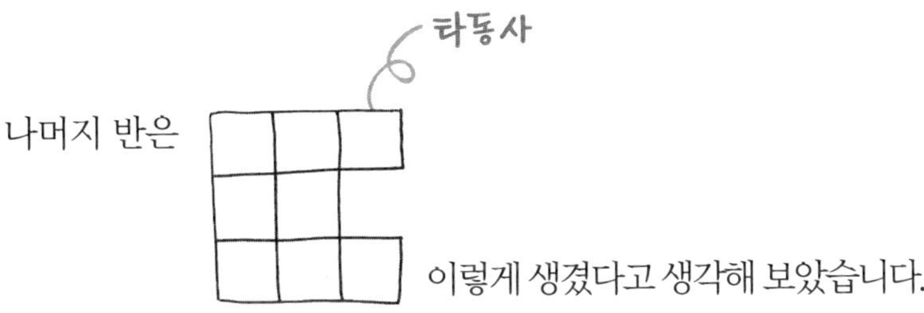


이렇게 생겼다고 생각해 보았습니다.

그리고 목적어(동사의 대상이 되는 명사)는 모조리

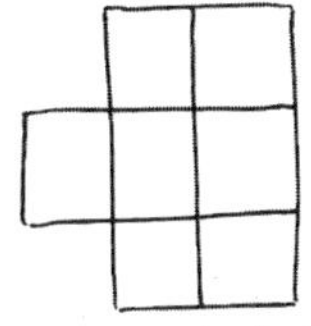

이렇게 생겼다고 생각해 보았습니다.

run(달리다)은
이렇게 생긴
동사입니다.

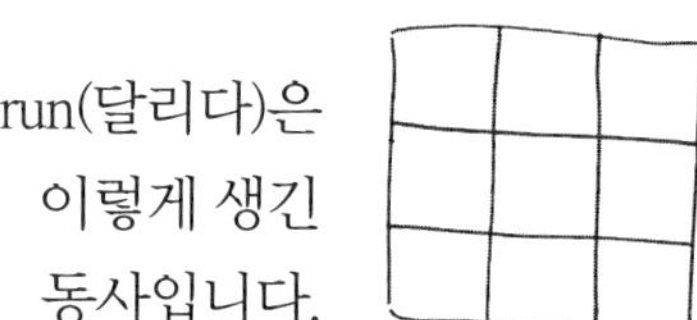

run만으로 어떤 행동인지 설명이 완성된다는 뜻입니다.

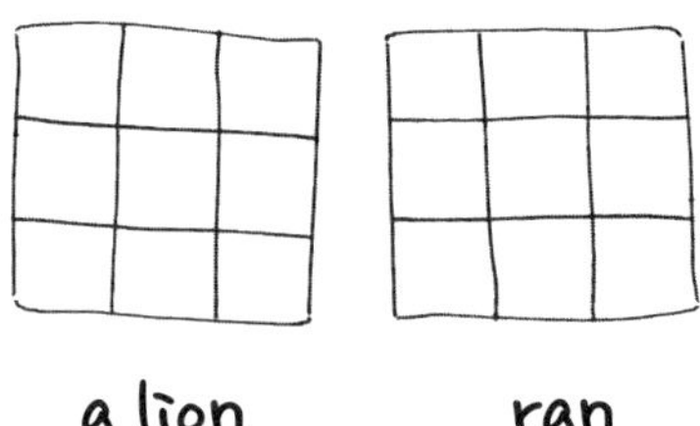

반면 see(보다)는
이렇게 생긴
동사입니다.

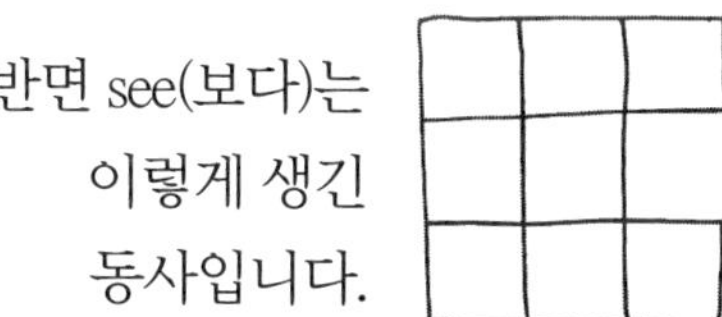

see만으로 문장이 완성되지 못합니다.

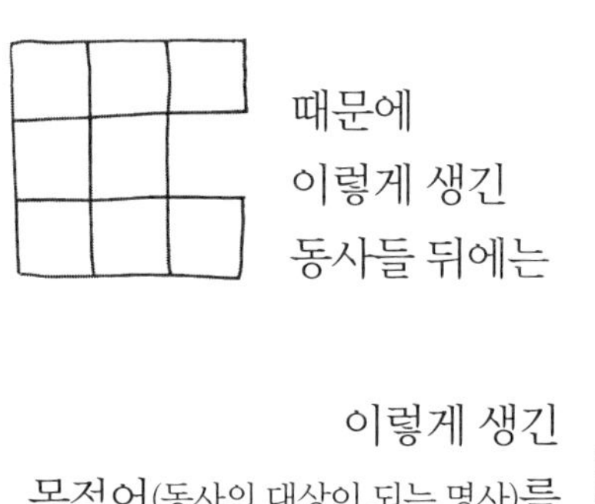

때문에
이렇게 생긴
동사들 뒤에는

이렇게 생긴
목적어(동사의 대상이 되는 명사)를
붙여줘야 합니다.

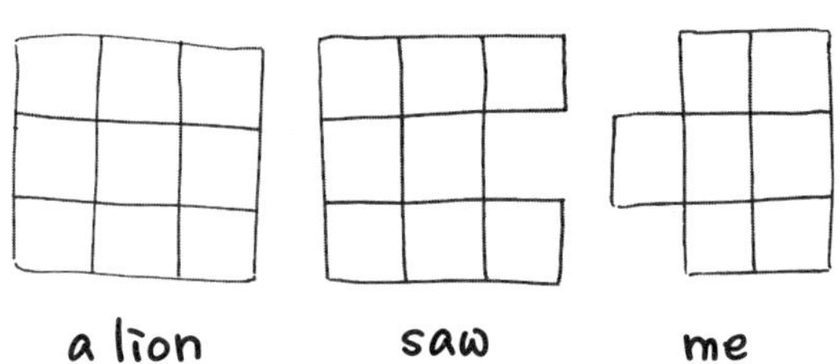


여기까지는 참 쉽습니다.

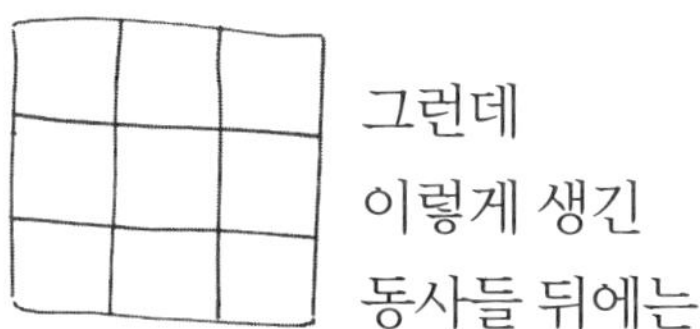

그런데
이렇게 생긴
동사들 뒤에는

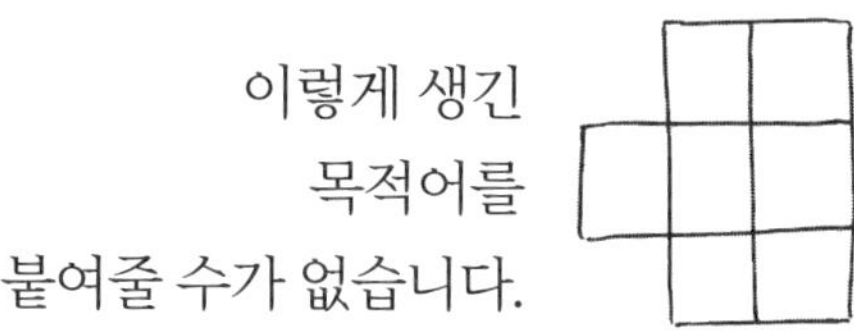

이렇게 생긴
목적어를
붙여줄 수가 없습니다.

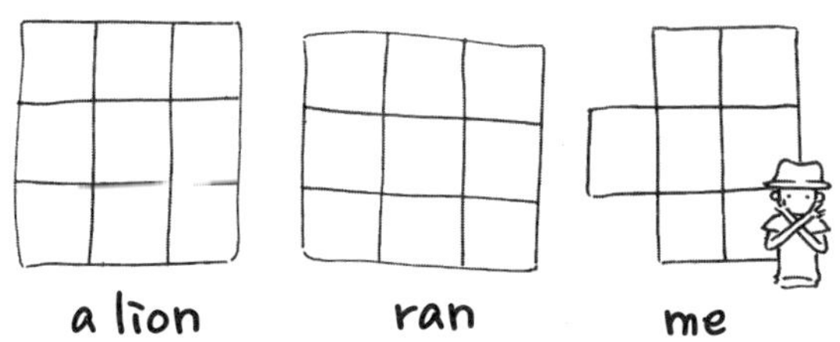

도대체 어떻게 해야 run 뒤에 me를 붙여줄 수 있을까요?
바로 이때였습니다.
당신에게 아이디어가 하나 떠올랐습니다.

**"명사를 변신시키자!"**

그리고 명사의 변신 도구로
전치사를 사용하면 되겠다는 생각이 들었습니다.
역시 당신은 천재였습니다.
왜냐하면, 전치사 + 명사의 모양은 이렇기 때문입니다.

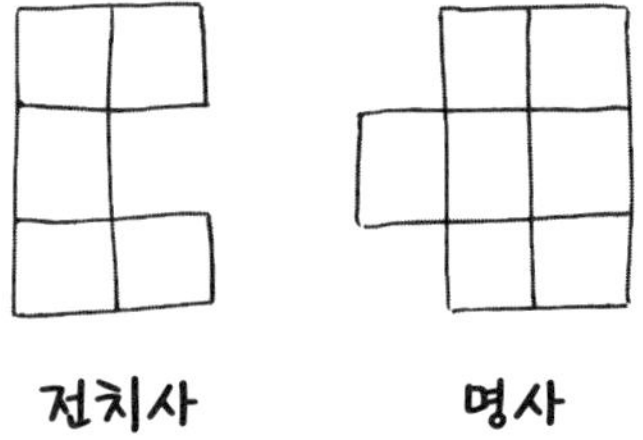

이제 의미에 맞는 전치사를 정하기만 하면 됩니다.
당신은 '~을 향해'라는 의미의 전치사로 to를
선택했습니다. 그래서 만들어진 모양은 이렇습니다.

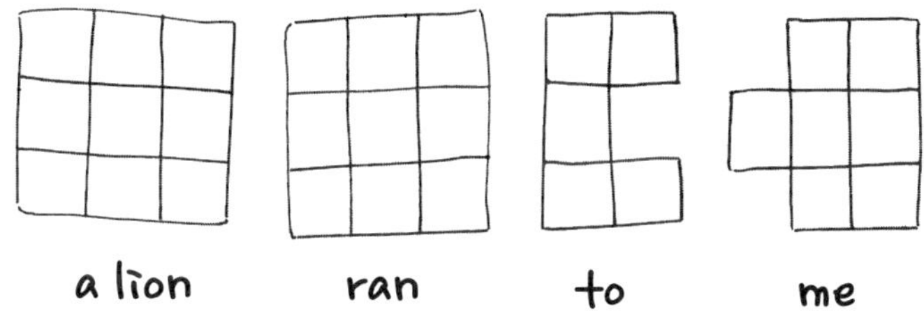

me와 to me는 어떻게 다를까요?

A lion saw [me]. ➡ 목적어

A lion ran [to me]. ➡ 뭘까?

to me는 붙여도 되고 떼어내도 되는 부사입니다.

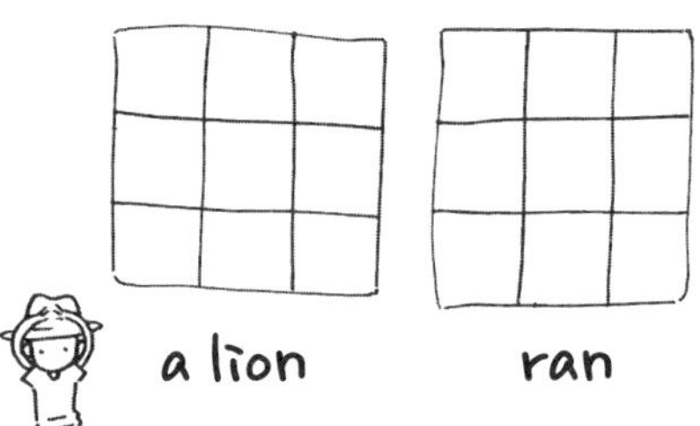



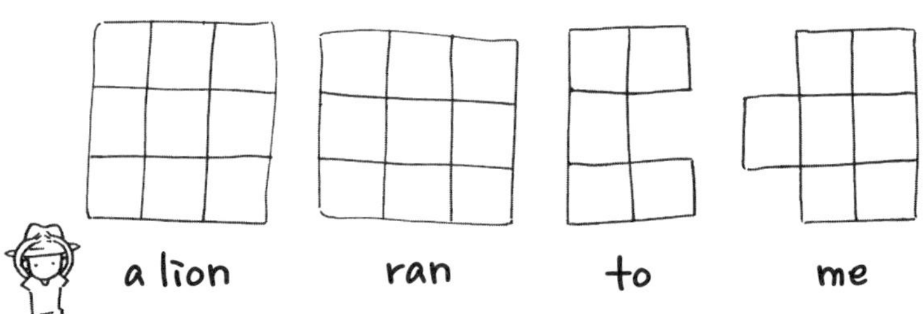

그리고 부사의 네 가지 의미인
where, how, when, why 중에서 where에 해당합니다.

결국, 명사가 변신해 부사가 된 것입니다.
**전치사 + 명사 = 부사**


이렇게 멋진 생각을 해낸 당신은 천재가 분명합니다.
낭신은 기념으로 몇 가지 용어를 정리했습니다.

이렇게 생긴 동사는 혼자서
의미를 완성한다는 의미로
'자동사'라고 부르기로 했습니다.

이렇게 생긴 동사는 목적어를 필요로 한다는
의미로 '타동사'라고 부르기로 했습니다.

타동사와 전치사는 모두

이렇게 생겼습니다.

다시 말해 그 뒤에는 반드시

목적어가 따라옵니다.

그뿐만 아니라 당신은 또 한 가지의
어마어마한 발견을 했습니다.
그것은 바로 부사로의 변신입니다.



A lion ran to me.
전치사 + 명사 = 부사



A lion ran to catch me.
to + 동사 = 부사



A lion ran looking at me.
동사 + ing = 부사

매우 여러 가지 문제를 해결해버린 당신은 이제 피곤해졌습니다.
그래서 말 만들기 말고 다른 일을 해야겠다고 생각했습니다.
사막에서 할 수 있는 일은 그리 많지 않습니다.
당신은 당신이 평소에 좋아하는 것을 적기 시작했습니다.

I like night.

I like elephants.

I like people.

하지만 이것들은 행동이 아닌 사물에 불과했습니다.
그래서 이번에는 행동을 적어보기로 했습니다.

I like sleep. ~ 잠자기.

I like ride an elephant. ~ 코끼리 타기.

I like talk with people. ~ 사람들과 이야기하기.

그랬더니 이번에는 또 다른 문제가 발생했습니다.
이것들은 모두 동사였던 것입니다.
동사 뒤에 또 동사라니요.
이것은 마치 이런 꼴인 것입니다.

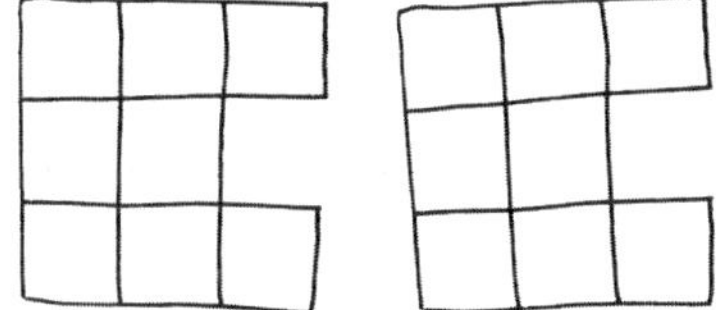

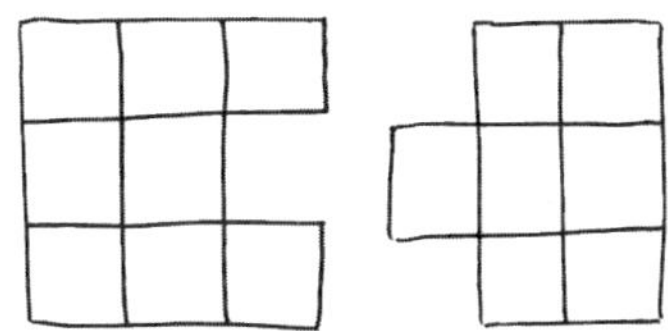

이런 모양을 만들기 위해서는 또다시 변신을 이용해야 합니다.

그러나 그렇다고 해서 새로운 변신 도구를 만드는 일은
정말 귀찮은 일이었습니다.
그래서 당신은 이미 가지고 있는
동사의 변신 도구 to를 그대로 사용하기로 했습니다.

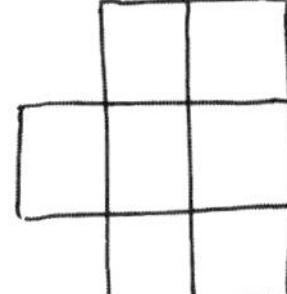


자 이제 완성되었습니다.

I like to sleep.
I like to ride an elephant.
I like to talk with people.

그러고 보니 동사의 변신 도구는 한 가지 더 있었습니다.

역시 완성되었습니다.

I like sleeping.

I like riding an elephant.

I like talking with people.

이처럼 동사를 명사처럼 만드는 방법은 비교적 간단했습니다.
그뿐만 아니라 둘 사이의 의미 차이도 없었습니다.

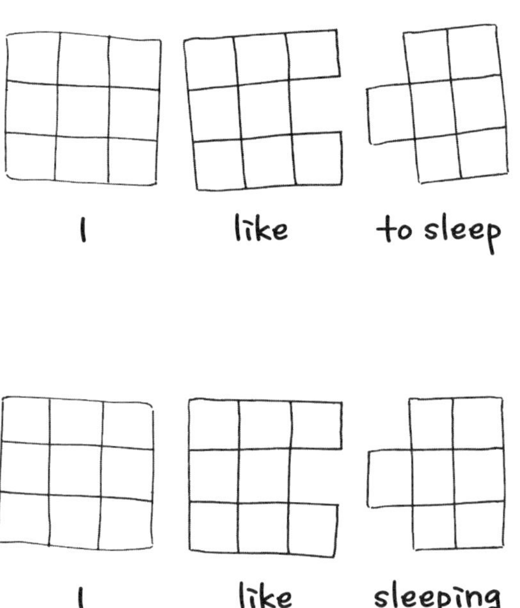

이제 당신은 세 가지로의 변신을 모두 완성했습니다.
그리고 나니 이 세 가지로의 변신을 정리할 필요를 느꼈습니다.
말하는 방법이 점점 더 복잡해지고 있지만
사실 문장의 기본 구조는 그다지 복잡할 것이 없었습니다.

**[명사 + 형용사]  동사  [명사 + 형용사]  + 부사**

중요한 것은 다음과 같은 변신이었습니다.

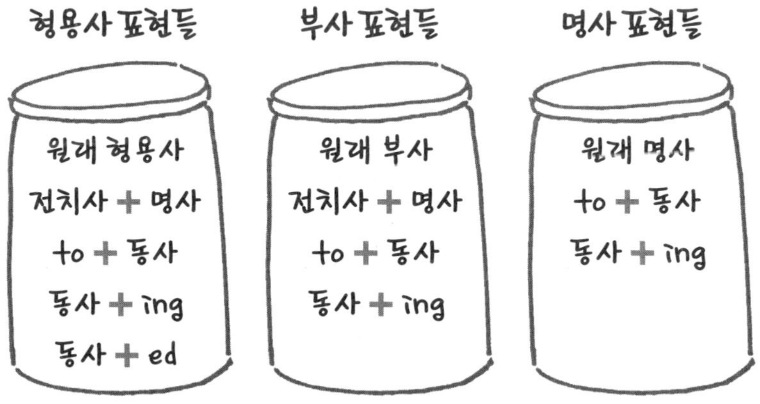

# 10

**의문문**

사람들은 레오를 두려워했습니다.
그래서 어딘가로 이동할 때면
항상 레오와 마주치지 않기 위해 조심해야 했습니다.
어느 날 한 여인이 당신에게 달려와
이렇게 이야기했습니다.

하지만 당신은 눈으로 보지 않은 이상
확신할 수가 없었습니다.
그래서 이렇게 되물었습니다.

It is Leo?

단지 '?' 표시를 붙여주는 것만으로도,
끝을 살짝 올려 말하는 것만으로도
의문문을 만들 수 있습니다.
하지만 당신은 좀 더 확실하게 의문문이라는 것을
보여주고 싶었습니다. 그 이유는 간단했습니다.
누구라도 한눈에 쉽게 알 수 있어야 하기 때문입니다.
이것이 의문문이라는 것을 말입니다.

그러던 중 당신은 아주 간단한, 그러나
기가 막힌 아이디어 하나를 생각해냈습니다.
그것은 단어의 순서를 바꾸는 것이었습니다.

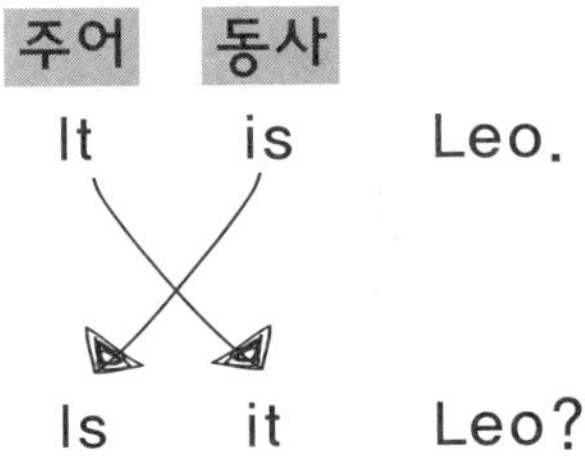

원래 모든 문장은 주어-동사의 어순이어야 합니다.
때문에 어떤 문장이 그 시작을 동사로 한다면
누구나 쉽게 그 문장이 의문문이라는 사실을
알 수 있을 것이었습니다.

역시 위대한 아이디어는 단순합니다.
당신은 또다시 기분이 좋아졌습니다.
그래서 하나의 의문문을 더 만들어 보기로 했습니다.

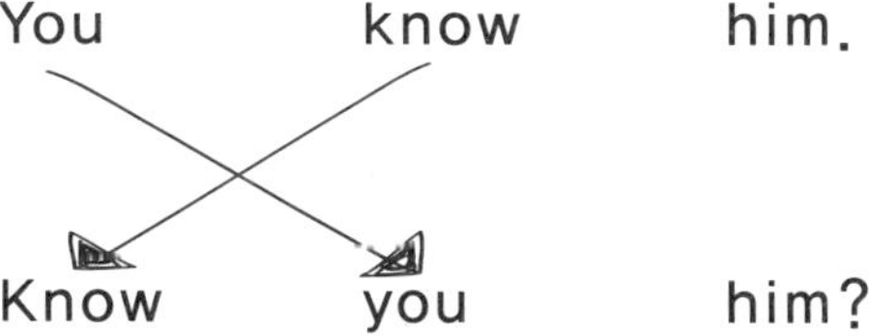

그러나 이번에는 썩 마음에 들지 않습니다.
그것은 다음과 같은 이유 때문이었습니다.

# Is it Leo?

익숙한 단어로 시작 ➡ 의문문임을 알기 쉽다.

# Know you him?

익숙하지 않은 단어로 시작 ➡ 의문문임을 알기 어렵다.

**쟤 맞아?**

이때,
당신은 또 하나의 기가 막힌 아이디어를 생각해냅니다.
동사 앞에 강조의 의미로 do를 하나 추가해 주고,
do와 주어의 위치를 서로 바꾸는 것입니다.
의문문은 항상 do로 시작할 수 있도록 말입니다.

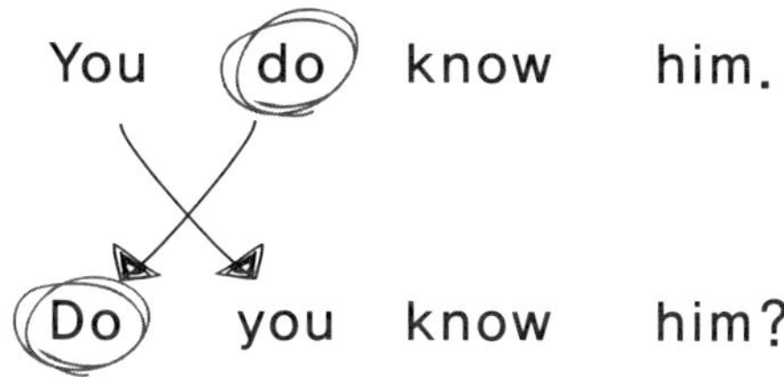


마찬가지로 과거형 문장에는 did를 추가해줍니다.

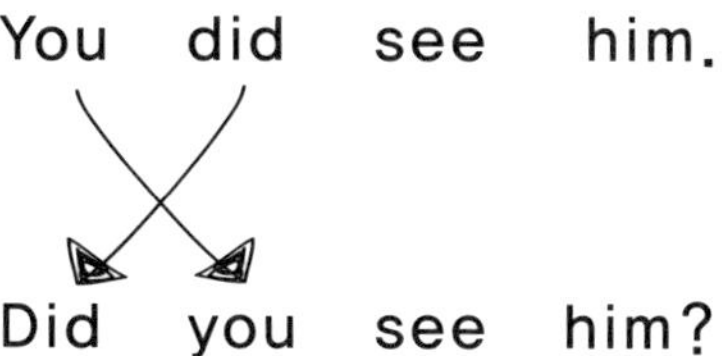

또다시 당신은 간단한 아이디어 하나로 문제를 해결했습니다.
그러나 이렇게 만들어낸 의문문으로
아무리 묻고 또 물어보아도 여인은 대답이 없었습니다.

Did you see him?

Did you see Leo?

Did you see a lion?

Did you see a dog?


당신은 이제 지쳐버렸습니다.
뭔가 방법을 찾지 않으면 안 될 상황이었던 것입니다.

당신은 처음부터 다시 한 번 묻기 시작합니다.
그러다가 당신은 무언가를 발견합니다.
계속해서 한 단어만을 바꿔 사용하고 있다는 것이었습니다.

Did you see   him?
Did you see   Leo?
Did you see   a lion?
Did you see   a dog?

순간 당신은 생각했습니다.
"계속 바뀌는 단어를 무언가로 대신하자."
바로 이렇게 말입니다.

무엇

Did you see   what?
(무엇을 볼 거지?)

이렇게 해서 당신은 또다시 엄청난 발견을 하게 된 것입니다.
그것은 wh-(의문사)였습니다.
당신은 새롭게 발견한 의문사가 너무 자랑스러웠습니다.
그래서 이런 생각을 하게 됩니다.

**"wh를 사용했다는 것을 더 쉽게 알려줄 방법이 없을까?"**

생각 끝에 당신은 다시 wh를 맨 앞으로 가져옵니다.

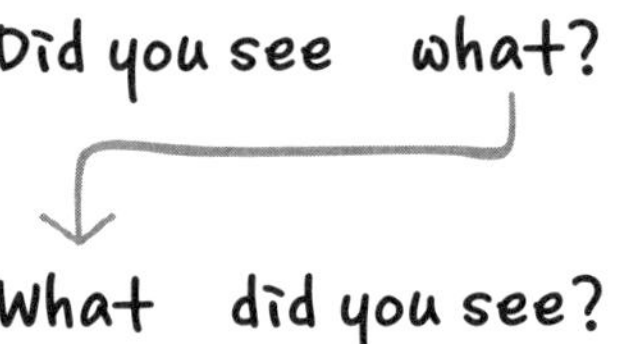

결국, 이런 모양입니다.

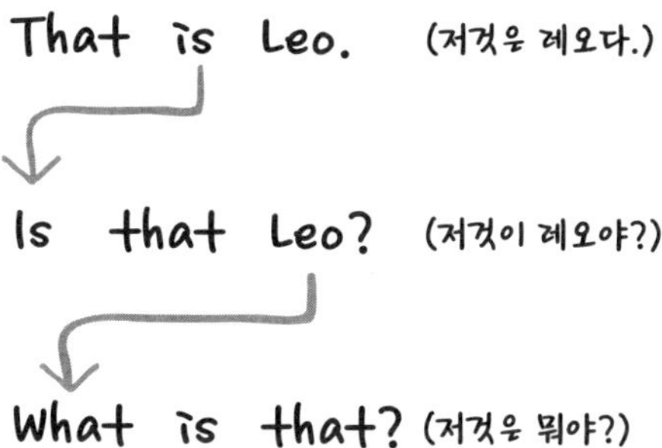


당신은 매우 기분이 좋아졌습니다.
왜냐하면, what을 사용해 의문문을 만들면
누구나 첫머리를 듣는 순간 그것이 what에 관해
묻는 의문문이라는 사실을 알 수 있게 되었기 때문입니다.

이제부터 당신은 무엇이든지
what을 이용해 질문할 수 있습니다.

무엇이든지…….

하지만 세상에는 정말 질문할 거리가 많습니다.

이 모든 것을 what을 이용해 묻는다면 참 편리할 것입니다.
적어도 말하는 사람 처지에서는 말이죠.
하지만 듣는 사람 처지에서는 너무 많은 것을 떠올려야 합니다.
그래서 당신은 또 한 가지 엄청난 아이디어를
생각해 냈습니다. 그것은 what을 조금씩만
변화시키는 것이었습니다.

| | |
|---|---|
| **누가** | : who |
| **무엇을** | : what |
| **어느 것** | : which |
| **어디서** | : where |
| **어떻게** | : how |
| **언제** | : when |
| **왜** | : why |

이제 듣는 사람은 무엇을 묻는 말인지까지도
한 번에 알 수 있게 되었습니다.
이렇게 작은 아이디어 하나로 엄청난 편리함을
만들어낸 당신은 진정한 천재입니다.

당신은 이 일곱 개의 의문사를
'wh의문사'라고 부르기로 했습니다.


이 중에서 which 는 주어진 선택지 중에서 어느 것을
고를지 물어볼 때 사용합니다.

**Do you like this one?** (이것을 좋아해?)

**Which one do you like?** (어느 것을 좋아해?)

where 은 장소를 물어볼 때 사용합니다.

**Did you go to the sea?** (바다에 갔었어?)

**Where did you go?** (어디에 갔었어?)

how 는 방법을 물어볼 때 사용합니다.

**Did you come by walk?** (걸어서 왔어?)

**How did you come?** (어떻게 왔어?)

when 은 시간을 물어볼 때 사용합니다.

**Did you come in the night?** (밤에 왔어?)

**When did you come?** (언제 왔어?)

why 는 이유를 물어볼 때 사용합니다.

**Did you come for me?** (나 때문에 왔어?)

**Why did you come?** (왜 왔어?)

이로써 질문하는 법이 모두 완성되었습니다.
그런데 이렇게 온종일 이것저것을 생각하다 보니 배가 고파졌습니다.
당신은 사람들에게 이렇게 물었습니다.

**Where are restaurants?**

(식당들은 어디 있나요?)

당신이 있는 곳은 사막임에도 불구하고
세 개의 분식집이 있었습니다.
참 신기한 일입니다. 그리고 이들 세 개의 분식집에서는
각각 한 가지씩의 음식만을 팔고 있었습니다.

당신은 무엇을 먹을지 망설였습니다.
당신은 만두 라면이 먹고 싶었지만 만두 라면의 가격은
만두의 가격과 라면의 가격을 합친 것보다 더 비쌌기 때문입니다.
게다가 이런 식이라면 만두라면 가게의 주인은
아무런 요리도 할 필요가 없는 상황이었습니다.
당신은 억울한 생각이 들었지만, 큰맘 먹고 만두 라면을 주문했습니다.

그리고 나서 당신은 라면 속의 만두가
조금 불쌍하다는 생각을 했습니다.
만두는 한때 당당한 하나의 요리였지만
지금은 라면에 속한 하나의 재료에 불과했기 때문이었습니다.
당신은 정말이지 쓸모없는 생각을 많이도 합니다.

이런 생각을 하던 중 당신에게 하나의 질문이 떠올랐습니다.

**"문장을 문장 속에 넣을 수 없을까?"**

그렇게만 할 수 있다면, 다시 말해 문장으로
명사, 형용사, 부사를 만들 수 있다면
훨씬 더 많은 것을 표현할 수 있을 것이었습니다.
당신은 성질 급하게 우선 이름부터 지었습니다.

문장으로 만든 명사　　　: 명사절

문장으로 만든 부사　　　: 부사절

문장으로 만든 형용사　　: 형용사절

# 11

**문장의 변신, 부사절**

이런 생각을 하는 중에 만두 라면이 만들어졌습니다.
그런데 만두 라면을 한입 맛본 당신은 깜짝 놀랐습니다.
왜냐하면, 만두라면은 상상을 초월할 정도로
매웠기 때문이었습니다.

가게 주인은 당신에게 왜 그러느냐고 물었습니다.
당신은 '너무 맵다'고 말하고 싶었습니다.

**It is hot.**

아니, '너무 맵기 때문'이라고 말하고 싶었습니다.

**because it is hot**

아니,
'너무 매워서 먹을 수 없다'고 말하고 싶었습니다.

**I can't eat because it is hot.**

그 순간 당신은 자신도 모르게 부사절을
사용했다는 것을 느꼈습니다.

It is hot.　　　　　－ 문장
because it is hot.　－ 부사절


보통의 부사들을 문장 맨 뒤에 사용하듯이
부사절 역시 문장 맨 뒤에 두었습니다.
뭔가 그럴싸하긴 했지만, 당신은 이 부사절이
정말 필요한 것인지 궁금했습니다.
그래서 부사절 없이 비슷한 표현을 만들어보았습니다.

I can't eat because of the peppers. (부사)
I can't eat because it is hot. (부사절)

이제 당신은 확신을 할 수 있게 되었습니다.
부사절을 이용하면 더 구체적인 표현을 만들어낼 수 있었습니다.


실험에 성공한 당신은
더 많은 부사절을 만들어냈습니다.
부사절은 항상 맨 앞에
because 따위의 무언가를 붙이고 시작했습니다.

- **when I love you.**

  (널 사랑할 때면)

- **if you love me.**

  (만약 네가 나를 사랑한다면)

- **even if you love me.**

  (만약 네가 나를 사랑한다 해도)

- **even though you love me.**

  (비록 너는 나를 사랑하지만)

부사절 만들기는 참으로 간단했습니다.
이런 생각을 하는 중에 가게 주인은 당신에게
'우리 집 라면은 그리 맵지 않다'고 말했습니다.
당신은 억울한 마음이 울컥 치밀어 올랐습니다.
그래서 두 손으로 라면 그릇을 잡고 벌떡 일어서며
이렇게 이야기하고 싶었습니다.

# 12



문장의 변신, 형용사절

하지만 '내가 먹은 라면'이라는 표현은 좀처럼
만들기가 힘들었습니다.

eating ramen (라면 먹기)
ramen to eat (먹을 라면)
eat ramen (라면 먹어)
I eat ramen (난 라면 먹어)

그래서 그냥 대충 이렇게 이야기했습니다.

**Ramen is hot.**

(라면은 맵다.)


당신은 벌떡 일어난 자신이 부끄러워졌습니다.
아무래도 '내가 먹은 라면'이라는 표현을 해야 하는
상황이었습니다. "침착하자... 침착하자..."라며
당신은 스스로 되뇌었습니다.
이때부터 당신은 다시 한 번
역사에 남을 만한 엄청난 추리를 시작합니다.

'내가 먹은 라면'은 라면과 그것을 꾸미는 표현으로
이루어져 있습니다.

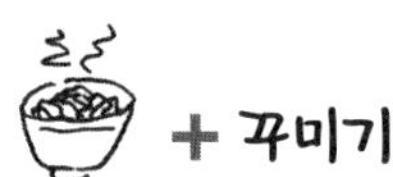 ＋ 꾸미기


'라면'이 명사이므로 당연히
그것을 꾸미는 '내가 먹은'은 형용사가 됩니다.

**명사 ＋ 형용사**


긴 형용사이므로 당연히 라면의 뒤에 붙여줍니다.

**라면 ＋ 내가 먹은**


그러므로 다음과 같은 모양이 됩니다.

**ramen ＋ I ate**
**＝ 내가 먹은 라면**

이렇게 해서 당신은 형용사절을 발견했습니다.
너무 쉽게 답을 얻어낸 당신은 조금 싱거운 기분이 들었습니다.
그래서 괜히 조금 더 자세한 공식을 만들어보기로 했습니다.

### ramen + I ate ramen

이 상태는 완전한 하나의 문장이므로 형용사절이
될 수 없습니다. 다시 말해 무엇을 꾸며줄 수 없습니다.

### ramen + I ate which

형용사절을 만들기 위해 ramen을 which로 교체하였습니다.

### ramen + which I ate

형용사절의 시작을 알리기 위해 which를 절의 앞으로 이동시켰습니다.

결국, 똑같은 의미의 두 표현이 만들어졌습니다.

ramen I ate = 내가 먹은 라면

ramen which I ate = 내가 먹은 라면


당신은 이 표현(들?)이 실제 문장에 들어갈 수 있는지
확인해 보았습니다.

Ramen I ate is hot.

Ramen which I ate is hot.

그리고 넣어줘도 그만이고 빼버려도 그만인 which를
'관계대명사'라고 부르기로 했습니다.
왜냐하면, 명사와 형용사절의 관계를 보여주기
때문이었습니다. '관계대명사'라는 용어는
괜히 복잡해 보인다고 당신은 생각했습니다.
왜냐하면, 중요한 것은 형용사절이지 관계대명사가
아니기 때문이었습니다.
이어서 당신은 다음 세 가지를 관계대명사로 정했습니다.

who          : 사람을 대신해 사용

which        : 사람이 아닌 것을 대신해 사용

that         : 사람과 사람이 아닌 것 구분 없이 사용

## Ramen I ate is hot.

이렇게 말한 당신은 곧 이 라면을 만든 요리사는
어디 있느냐고 따져 물었습니다.

### Where is the cook?

(요리사는 어디에 있나요?)


하지만 당신에게 이 문장은 아직 만족스럽지 않았습니다.
왜냐하면 '이 라면을 만든'이라는 표현을
사용하지 못했기 때문입니다.

**cook ✚ 이 라면을 만든**

당신은 직감적으로 이것이 형용사절이라고 느꼈습니다.
그래서 앞에서 이미 발견한 대로
형용사절을 만들어보기로 했습니다.

**cook ➕ made this ramen**

하지만 순간 당신은 깜짝 놀랐습니다.
엄청난 일이 벌어져 버렸던 것입니다.
형용사절이 꾸며주기는커녕 그대로 엉겨붙어
하나의 문장이 되어버리는 것이었습니다.

**Cook made this ramen.**
(요리사가 이 라면을 만들었습니다.)

이런 식으로는 끝말잇기처럼
기형적인 문장이 되어버릴 것이 분명했습니다.

**Where is the cook made this ramen? (X)**
(요리사가 이 라면을 만들었는 어디에?)

문제는 명확했습니다.
형용사절은 문장이 아닌 절로만 보이게 해야 하는 것이었습니다.
그래야 주 문장 하나만이 주 문장으로 보이도록
할 수 있었던 것입니다.
당신은 다시 스스로 주문을 걸기 시작했습니다.
"침착하자... 침착하자..."


형용사절은 원래 문장이었습니다.
분명 다음과 같은 문장이었을 것입니다.

**Cook made this ramen.**

(요리사가 이 라면을 만들었습니다.)


이 문장을 고쳐 앞에 있는 Cook을
꾸며야 하는 상황이었습니다.

**Cook + cook made this ramen.**

당신은 이 부분에서 cook이라는 표현이
중복되어 사용되었다는 것을 발견했습니다.
그래서 이 중 하나를 관계대명사로 대체했습니다.

**Cook + who made this ramen.**


이렇게 해서 당신은 두 번째 형태의
형용사절을 발견했습니다. 그리고 바로 이 부분이
두 가지 형용사절의 차이였습니다.
중복되는 부분이 서로 달랐던 것입니다.

**ramen + I ate ramen**

**목적어가 중복**

**Cook + cook made this ramen.**

**주어가 중복**

주어가 중복되는 형용사절은
이론적으로는 더 단순했습니다.
관계대명사를 앞으로 옮겨줄 필요도 없었고,
또 관계대명사를 빼버리는 경우도 없었습니다.
당신은 이렇게 발견해낸 두 번째 형용사절을
문장 안에 넣어보았습니다.

Where is the cook who made this ramen?

그러고는 당신은 의기양양하게
두 가지 형용사절을 간단히 정리해보았습니다.

ramen + I ate 

ramen + I ate

cook + cook made this ramen

↓

cook + who made this ramen

당신의 요청에 따라 당신은 요리사를 만날 수 있었습니다.
아직도 매운 라면 때문에 정신이 혼미한 당신은 입안에 고인
침을 꼴깍 삼키며 요리사에게 항의했습니다.

"이 라면은 너무 매워서
사람이 먹을 수 있는 정도가 아닙니다.
믿지 못하겠다면 당신이 지금 당장 이 라면을 한 젓가락
먹어보세요. 아마 당신도 차가운 물을 먹지 않고는
견딜 수 없을 것입니다."

그러자 요리사는 대뜸 당신에게 이렇게 이야기했습니다.

I know it is hot.
(나는 안다 이것이 맵다는 것을)

# 13

**문장의 변신, 명사절**

이 문형은 당신이 생애 처음으로 들어보는 것이었습니다.
하지만 당신은 이것이 명사절을 사용한 예문이라는 것을
간단히 알 수 있었습니다.
왜냐하면, I know 다음은 명사가 올 자리였기 때문입니다.

I know + 무엇을 (명사)

역시 만두 라면을 만들어낸 요리사다운 언어 조합
실력이었습니다. 이러한 기본 명사절은
위와 같이 매우 간단히 만들 수 있었습니다.

당신은 요리사의 이 한마디에 기분이 더욱 상했습니다.
먹어보지도 않고 아는 척하는 요리사의 코를
납작하게 만들어주고 싶었습니다.
당신은 요리사에게 이렇게 말해주고 싶었습니다.

**"매운지 안 매운지 당신이 어떻게 알아요?"**

이러한 표현은 다음과 같이 기본 명사절을 이용하면
쉽게 해결할 수 있을 것 같았습니다.

**How do you know + 매운지 안 매운지**

(명사절)

결국, 당신은 이렇게 말했습니다.

기본 명사절

**How do you know <u>it is hot</u>?**

(이것이 맵다는 것을 어찌 아셨나요?)

순간 당신은 무언가가 잘못됐다는 것을 느꼈습니다.
이 표현은 따져 묻는 표현이 아니라 상대를 인정해주는
표현에 불과했기 때문입니다. 당신에게는 '-인지 아닌지'를
뜻하는 표현이 필요했습니다.
그래서 당신은 순간적으로 변형 명사절을 생각해 냈습니다.

-인지 아닌지 명사절. 사람들은 이것을
whether / if 명사절이라고도 부릅니다.
whether와 if는 똑같은 의미이지만 이 중 if는 '만약에'라는
의미도 있으므로 잘 구분해야 합니다.


당신은 성공적으로 명사절 표현을 만들었고
또 성공적으로 요리사에게 항의했습니다.
그럼에도 불구하고 요리사는 꿈쩍도 하지 않았습니다.
오히려 요리사는 이렇게 이야기했습니다.

**Ramen is hot.** (라면은 매워.)

**That is what ramen is.** (그게 라면이야.)

당신은 다시 한 번 깜짝 놀랐습니다.
요리사가 이번에는 더 높은 수준의 변형 명사절을 사용했던 것입니다.

## what ramen is

(라면이 무엇인지)

순간 당신은 이 표현을 분석해내느라 정신이 없었습니다.
우선 이 표현은 명사절이 분명했습니다.
의미도 그렇거니와 위치 역시 명사의 위치에 사용되었던 것입니다.

## That is + 라면이 무엇인지

(명사절)

그다음은 어떻게 만들어진 표현인가 하는 것이었습니다.
이 부분은 쉽지 않은 추리가 필요했습니다.
당신은 다시 스스로 침착할 것을 당부했습니다.
기본으로 돌아가면 해결하지 못할 것이 없을 것이었습니다.
기본적으로 명사절은 일단 문장이었을 것입니다.

Ramen is sweet food.
(라면은 달콤한 음식)

모양은 맞는 것 같습니다.
하지만 의미가 조금 이상했습니다.

Ramen is cold food.
(라면은 차가운 음식)

이 역시 의미가 이상했습니다.
의미상 '무엇'에 해당하는 표현이 필요했던 것입니다.

**ramen is what**

(라면이 무엇인지)


그렇습니다. wh를 사용해야 완성되는
명사절이었던 것입니다. 이제 wh를 맨 앞으로
이동시켜주면 그만이었습니다.
wh는 원래 앞으로 이동하는 거니까요.

**what ramen is**

(라면이 무엇인지)

당신은 처음 만나본 wh 명사절을
여러 가지 문장 속에 넣어보았습니다.

**I know what remen is.**

(난 라면이 무엇인지 알아.)

**Do you know what remen is?**

(라면이 뭔지 알아?)

**That is what remen is.**

(그게 라면이야.)

당신은 이제 세 번째 명사절인 wh 명사절을 발견했습니다.
그건 그렇고 이렇게 당하고 있기엔 너무 억울했습니다.
그래서 당신 역시 wh 명사절을
이용해 요리사에게 반격하기로 결심했습니다.

우선 당신에게는 문장이 하나 필요했습니다.

**It is very hot.** (매우 매운)

이것을 wh 명사절로 만들려면 wh가 하나 필요합니다.
당연히 그렇습니다.

**it is how hot** (얼마나 매운지)

이제 준비가 거의 되었습니다.
wh를 앞으로 이동시켜주기만 하면
당신 스스로 wh 명사절을 만들어내게 되는 순간이었던 것입니다.

**how hot it is**

(이것이 얼마나 매운지)

이제 주 문장을 만들 차례였습니다.

**You don't know + 이것이 얼마나 매운지**

이렇게 해서 당신은 스스로 wh 명사절을 만드는 데 성공했습니다.

**You don't know how hot it is.**

(당신은 모른다. 이게 얼마나 매운지.)

동시에 보기 좋게 요리사에게 반격을 가하는 데도 성공했습니다.
당신은 요리사와의 전투를 기념하기 위해 이미 발견한
세 가지 종류의 명사절을 정리해 보았습니다.

I know remen is hot.

**– 기본 명사절**

You don't know whether it is hot or not.

**– 인지 아닌지 명사절**

You don't know how hot it is.

**– wh 명사절**

당신은 세 가지 절을 모두 완성했지만
기분이 썩 좋지만은 않았습니다.
당신은 배고픔을 느끼며 다시 길을 떠났습니다.
그런데 바로 그때
당신은 누군가가 구워놓은 토끼 고기를 발견했습니다.

너무 배가 고파서 한입 베어 먹는 순간
한 남자가 나타났습니다. 그는 매우 화가 나 있었고
설명할 기회도 주지 않은 채 당신에게 주먹을
날렸습니다. 그러고 나서는 한판 싸움이 벌어졌습니다.
곧 사람들이 나타나 어찌 된 일인지 물었습니다.
당신은 이렇게 이야기했습니다.

**He punched me first,
so I punched him back.**
(저 남자가 날 때려서 나도 저 남자를 때렸다.)

그런데 뻔뻔스럽게도 그 남자 역시
당신과 똑같이 말하는 것이었습니다.

# 14

## 2단 과거

당신은 정말 어처구니가 없었습니다. 그래서 당신은
누가 먼저 때렸는지 좀 더 정확히 말하고 싶어졌습니다.
그래서 다음과 같이 정리했습니다.

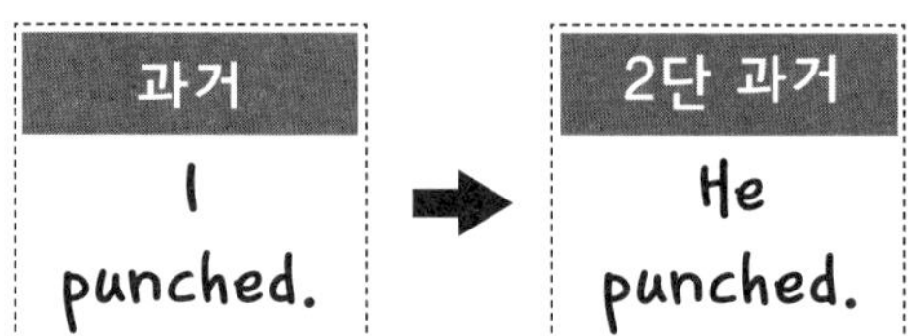

이렇게 정리하고 보니 확실히 이상한 점이 있었습니다.
과거와 '2단 과거'의 일 모두 똑같이 과거 표시(ed)를
한 번만 사용한 것입니다.
당신은 이것이 참으로 마음에 들지 않았습니다.
물론 이 상태로도 문제가 있다거나 틀리다 거나
할 수는 없겠지만 그래도 '더 과거의 일'에 대해서는
더 정확하고 더 확실하게 표현하고 싶어진 것입니다.

당신은 이제 과거 표시를 두 번 해주는 방법을
생각하기 시작했습니다.
첫 번째 방법은 이것이었습니다.

이것은 아주 단순한 방법이었습니다.
그러나 당신은 이것이 마음에 들지 않았습니다.
만약 누군가가 이처럼 말한다면
매우 바보 같아 보일 것이 분명했습니다.

두 번째 방법은 이것이었습니다.

괜히, 그냥, 아무 의미 없이 have의 과거인 had를
하나 붙여주는 것입니다. have의 원래 의미인
'가지고 있다'와는 아무런 상관없이 말이죠.
이렇게 하면 두 단어가 되니 조금 길어졌습니다.
길어진 것은 문제 될 게 없다고 당신은 생각했습니다.
하지만 또 다른 문제가 있었습니다.
바로 동사가 두 개가 되어버린다는 것이었습니다.

동사 두 번

had punched

그래서 당신은 과거형 동사 punched 대신에
과거분사 punched를 사용하기로 했습니다.

**punch – punched – punched**

과거분사

**had    punched**


punch라는 동사는 과거형 동사와 과거분사가
똑같았습니다. 그래서 이번에는 go라는 동사를
사용해보기로 했습니다.

동사    동사    동사 아님
**go – went – gone**

**had went** (X)
**had gone** (O)

자. 이렇게 해서 이제 '2단 과거'를
표현할 수 있게 되었고 당신은 기분이 좋아졌습니다.



He had punched me first,



so I punched him back.

여기까지 생각한 당신은 '2단 과거'형에 대해
다시 한 번 곱씹어 생각해보기로 했습니다.
왜냐하면 '2단 과거' 이론은 이후에도 등장해 여러 가지로
활용될 것만 같은 예감이 들었기 때문입니다.
그러기 위해서는 정확하게
정리해 둘 필요가 있었습니다.


'2단 과거' 이론을 정리하던
당신은 곧 한 가지 고민을 발견하게 됩니다.
**"그러면 have gone은 뭐지?"**

# 15

**현재 완료**

그렇습니다. had gone이 '2단 과거'라면
have gone은 뭘까요?
이것은 어쩔 수 없이 그냥 과거일 수밖에 없습니다.

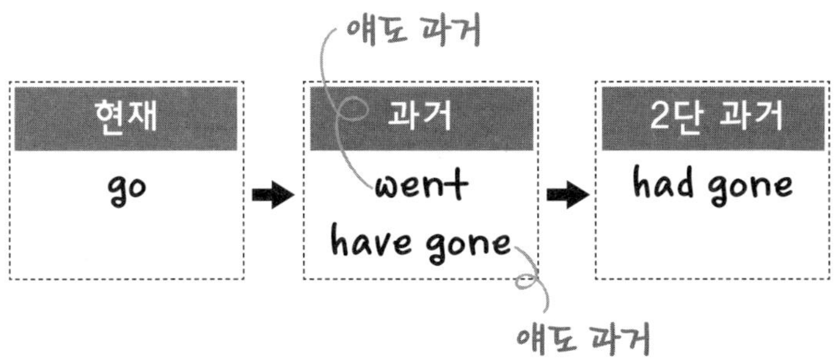

당신은 have gone이라는 표현은 없는 것으로
치부할 수도 있었을 것입니다. 혹은 have gone이라는
표현을 그냥 과거형인 went와 똑같은 것으로 정할 수도
있었을 것입니다. 그러나 당신은 그렇게 하지 않았습니다.
대신 당신은 과거의 일 중에 다음 네 가지의 경우에
해당하면 have gone의 형태를 사용하기로 마음속으로 정했습니다.

| | |
|---|---|
| 갔다 | : went |
| 가본 적이 있다 | : have been |
| 지금까지 쭉 잤다 | : have slept |
| 이미 끝냈다 | : have finished |
| 가버리고 여기 없다 | : have gone |

떠나는 장면의 구체적인 상황이 중요할 땐 went를 사용합니다.
반면에 '갔다'는 사실만이 중요할 뿐 구체적인 상황이
중요하지 않은 경우엔 모두 have gone의
형태를 사용하는 것입니다.

가장 일반적인 과거입니다. 떠나는 장면을 직접
묘사하고 있으므로 종종 언제 갔는지도 함께 이야기하곤 합니다.

나는 어제 학교에 갔어.

**I went to school yesterday.**

과거의 경험을 이야기합니다.
경험이 중요할 뿐 구체적인 장면이 중요하지는 않습니다.
따라서 정확한 시점 대신 before와 함께 사용되곤 합니다.
또한 '파리로 이동하는 경험'이 아니라 '파리에 머물러 본 경험'을
말하고 있으므로 gone 대신 been을 사용하고 있습니다.

**Have you ever been to Paris?**

(파리에 가본 적 있어?)

**No, I have never been to Paris.**

(아니, 가본 적 없어.)

# 간 적이 있다;

나는 파리에 가본 적이 있어.

I have been to Paris before.

**언제인지 관계없다.**

과거          현재

지금까지 지속하였다는 뜻입니다.
지속하였다는 것이 중요할 뿐 상황에 대한
구체적인 내용은 중요하지 않습니다.
따라서 주로 지속한 기간을 함께 말하곤 합니다.

**Have you slept until now?**
(지금까지 잤어?)

# 지금까지 쭉 잤다;

나는 지금까지 쭉 10시간을 잤어.

I have slept for 10 hours.

숙제나 해야 할 일을 이미 끝마쳤다는 뜻입니다.
이 역시 구체적인 상황이 중요한 것은 아니지요.
따라서 '이미', '아직도' 등의 표현들과 함께 사용되곤 합니다.

**Have you finished yet?**

(끝냈어?)

**I haven't finished yet.**

(아직.)

# 이미 끝냈다;

이미 끝냈지요.

I have finished already.

언제인지 관계없다.

과거                  현재

세상 모든 일에는 원인과 결과가 있습니다.
그래서 원인만 알면 당연히 결과도 알 수 있죠.
쉽게 결과를 말해주면 되지만 수수께끼처럼 원인을
먼저 말해주고 싶을 때면 사용합니다.
"지금 배부르다." 대신 "많이 먹었다."라고,
"지금 졸리다." 대신 "밤을 새웠다."라고 말하는 식입니다.

## Have you slept until now?

(지금까지 잤어?)

# 가버리고 여기없다;

그녀는 이곳에 없다.

She has gone.

언제인지 관계없다.

과거        현재

이제 당신은 과거에 관해 이야기하는 모든 방법을 만들어냈습니다.
이 일은 매우 피곤한 일이었고 당신은 좀 쉬고 싶었습니다.
그래서 한동안 산책을 즐기며 머리를 식히고 있었습니다.
그러던 도중 당신은 벽돌공을 만났습니다.

사막의 벽돌 공장에서는 매우 단순한 일을 반복하고 있었습니다.
주변의 넘쳐나는 모래를 모아 똑같은 모양의 벽돌을
찍어서 쌓아두면 그만이었습니다.
사람들은 이 똑같은 모양의 벽돌들을 연결해
여러 가지 모양의 필요한 건물들을 지을 수 있었습니다.

집이 되었다.

창고가 되었다.

그런데 당신은 이 벽돌 공장에서
이상한 점을 발견했습니다.
한쪽 구석에 쌓여있는 벽돌들은
다른 벽돌들과 모양이 달랐던 것입니다.

벽돌의 모양이 다른 이유가 무엇일까?
당신은 그 이유가 궁금했습니다.
그래서 당신은 벽돌공에게 이렇게 물었습니다.

 이 벽돌들은 무엇에 쓰나요?

 모퉁이 돌과 계단을 만들 때 쓰죠.

 보통 벽돌로는 못 만드나요?

 만들죠.

 그럼 왜 미리 따로 만들었죠?

 자주 쓰이니까요.

# 16

## 능력

그때였습니다. 당신은 당신의 머릿속이
새로운 아이디어가 주는 충격으로 소용돌이치고 있음을 느꼈습니다.
자주 사용되는 의미들을 간단히
한 단어로 정리한 '전용 표현'을 만드는 것입니다.
이렇게 한다면 매번 단어들을 나열하고 조합해
표현해야 하는 귀찮음을 피할 수 있을 것이었습니다.
당신은 조동사를 만들어 낸 것입니다.

I have ability to do that.
나는 가지고 있다 능력을 그 일을 할

I am capable of doing that.
나는 능력이 있다 그 일에

I can do that.

당신은 이제 조동사를 이용해 여러 가지 의미를
간단히 표현할 수 있게 되었습니다.
가장 먼저 떠올린 것은 능력을 나타내는 can이었습니다.

**I can do it.**

'나는 할 수 있다'는 말은 현재나 미래를 가리지 않습니다.
하지만 과거는 어떻게 표현해야 할까요?
당신이 처음으로 생각해본 과거형은 이것이었습니다.

과거

**I can did it.**

간단하긴 하지만 당신은 이러한 방식이
썩 마음에 들지 않았습니다. 왜냐하면, 매번 표현할 때마다
각각의 동사를 각각의 과거형으로 바꾸어주어야 하기 때문입니다.
이왕에 편리함을 위해 조동사를 개발한 이상
좀 더 효율적인 방법을 찾고 싶었던 것입니다.
그래서 당신은 조동사의 과거형을 만들어냈습니다.

can의 과거형

I could do it.

이렇게 하면 어떤 행동이든 과거형을 찾아 사용할
필요가 없었습니다. 왜냐하면, 조동사가 조수처럼
미리 다 표현해주기 때문이었습니다.

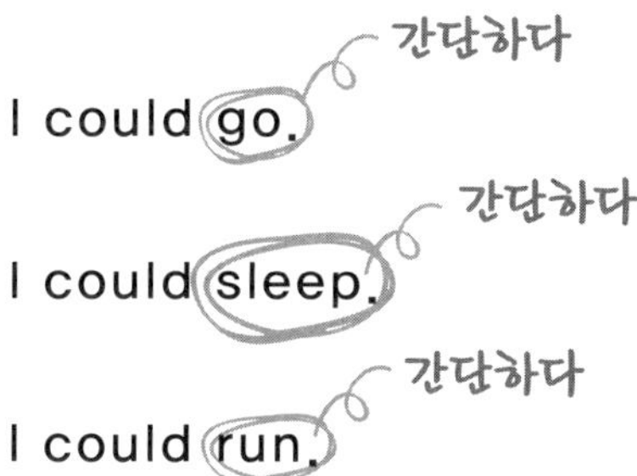


당신은 이러한 점이 매우 편리하다고 느꼈습니다.
그래서 이왕 이렇게 된 바에 조동사 다음에는
무조건 원형만을 쓰기로 했습니다.

He could does    (X)
He could do    (O)

I could am    (X)
I could be    (O)

조동사의 과거형과 원형에 관한 규칙을 만들어낸
당신은 기분이 좋아졌습니다.
그런 당신에게 갑자기 어떤 꼬마 아이가 다가왔습니다.
그 꼬마 아이는 사막에 도착한 지
얼마 되지 않아 보였습니다.

# 17

**확률**

꼬마는 자신이 어느 별에서 왔다느니 하는 이야기를 하다가
느닷없이 다음과 같은 그림을 보여주었습니다.

그 그림은 보아뱀 배 속의 코끼리일 수도 있다고
당신은 생각했습니다.

꼬마 아이는 그 그림을 조금 수정해서
다시 보여주었습니다.

그 그림은 아마도 보아뱀 배 속의 코끼리일 거라고
당신은 생각했습니다.

**It may be an elephant.**

꼬마 아이는 그 그림을 다시 조금 더 수정해서
보여주었습니다.

그 그림은 틀림없이 보아뱀 배 속의 코끼리일 거라고
당신은 생각했습니다.

**It must be an elephant.**

그러더니 그 꼬마는 당신에게
세 장의 쪽지를 남겨주고 떠나가 버렸습니다.
첫 장에는 다음과 같이 적혀있었습니다.

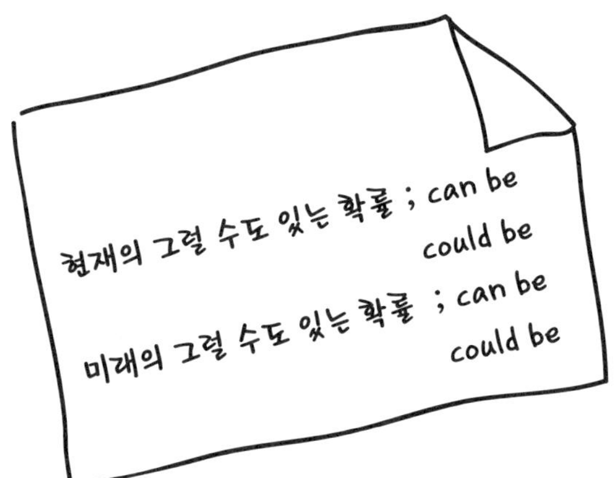

이것을 본 당신은 깜짝 놀랐습니다.
현재와 미래의 표현이 같은 것은 그다지 놀랄 일이 아니었습니다.
원래 현재와 미래에 관한 표현에는
별 구분이 없으니까요.

**Go! (현재)**

**Go tomorrow. (미래)**


당신이 놀란 이유는 이것 때문이었습니다.

can be = could be

그 꼬마는 미친 아이가 틀림없었습니다.
"He must be crazy"라고 당신은 생각했습니다.
이렇게 될 경우 과거형인 could가
현재뿐 아니라 미래마저도 의미하게 되기 때문이었습니다.

### He could be the champion.

= 그는 챔피언일지도 몰라.
혹은 그는 챔피언이 될 지도 몰라.


그뿐만이 아니었습니다.
can이라는 조동사는 '확률'뿐만이 아니라
'능력'도 의미합니다.

현재의 능력 : can
과거의 능력 : could
현재의 확률 : can & could

결국, could는 과거의 능력 혹은 현재의 확률
혹은 미래의 확률을 나타내게 되는 것이었습니다.
결국, 다음과 같이
여러 가지로 해석이 되는 경우가 발생했습니다.

**He could be the champion.**
과거의 능력 : 그는 챔피언이 될 수 있었다.
현재의 확률 : 그는 챔피언일지도 모른다.
미래의 확률 : 그는 챔피언이 될 지도 모른다.

아! 당신은 정신이 하나도 없었습니다.
누구라도 이 이야기를 듣는다면 정신이
하나도 없을 것이 분명했습니다.
당신은 예문을 다시 여러 번 읽어가며 생각을 계속했습니다.

결국, 가장 큰 문제는 이것이었습니다.

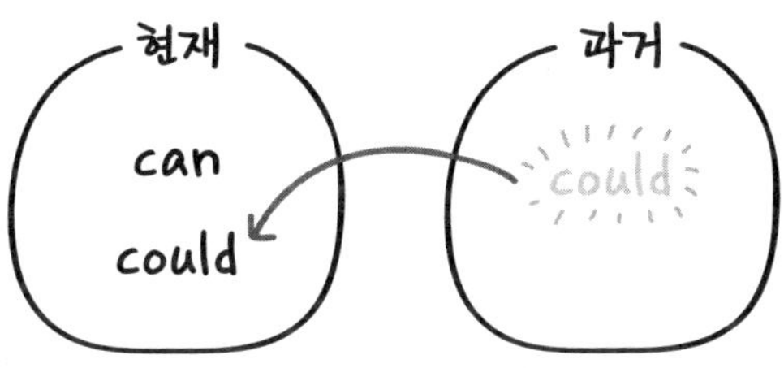


**"정작 과거의 확률은 어떻게 표현해야 하는가?"**

# 18

**과거의 확률**

could be가 현재를 나타내고 있기 때문에 여기에 어떻게든
과거 표시를 한 번 더 해줘야 하는, 그래서 '2단 과거'의
형태를 만들어줘야 하는 상황이었습니다.

가장 먼저 생각나는 방법은 무턱대고
ed를 하나 더 붙여주는 것이었습니다.

## couled be

## 쿠드드 비

이건 아닌 것 같았습니다.


## could was

이것은 '조동사 + 원형'이라는 법칙에 맞지 않았습니다.

당신은 간신히 해결책을 발견했습니다.

과거

could have been


이렇게 하면 '조동사 + 원형'의 법칙에도 맞으면서
과거 표시를 해줄 수 있었습니다.

**현재, 미래**    : can be
                         could be

**과거**          : could have been

이쯤에서 당신은 그 꼬마를 찾아가 패주고 싶은
강한 충동을 느꼈습니다.
그런 마음을 억누르고 당신은 이 모든 문제의 원인을
한번 생각해보기로 했습니다.


도 / 대 / 체 / 왜?

can be = could be

아무리 생각해도 당신은 답을 알아낼 수 없었습니다.
그래서 그냥 넘어가기로 했습니다.
그리고 그 원수 같은 꼬마 아이가 준 두 번째 쪽지를 보았습니다.

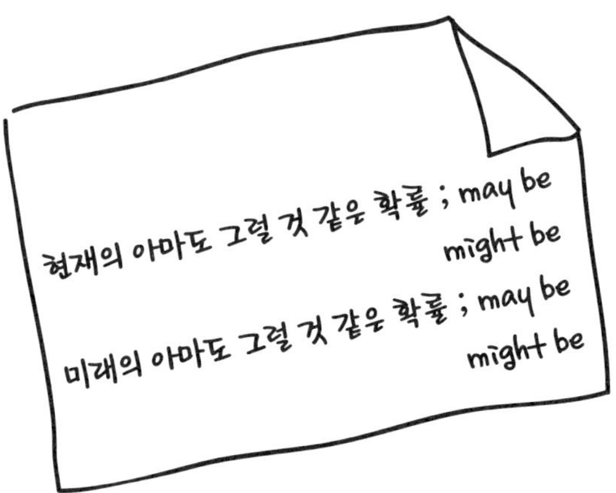


또 이런 식입니다.

| **현재** | = | **미래** |
|---|---|---|
| may be | = | might be |
| might be | = | 미래 |

당신은 또 화가 났습니다.
하지만 당신은 금세 적응했습니다.
똑같은 현상이 반복된 것이기 때문이었습니다.
그리고 세 번째 쪽지를 보았습니다.

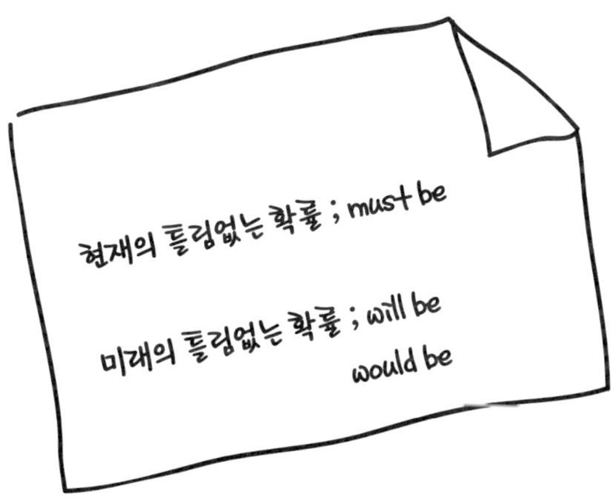

틀림없는 확률은 모든 확률 중에서 가장 많이
사용하는 확률이었습니다. 때문에
틀림없는 확률은 현재형과 미래형이 따로 구분되어
있는 것이라고 당신은 생각했습니다.
당신은 그중에서도 가장 많이 사용되는 미래의 will과
would를 입으로 되뇌기 시작했습니다.

그러면서 당신은 다시 걷기 시작했습니다.
한참을 걷던 당신은 한 부자를 만났습니다.
그런데 이들 중 아버지는 아들의 머리 위에 사과를
얹어놓고 멀리서 화살로 그 사과를 맞추려 하고 있었습니다.

# 19

## 가정법

당신은 깜짝 놀랐습니다. 그리고 그들에게 이런 짓을
하고 있는 이유를 물었습니다.
그들은 당신에게 사과를 사라고 했습니다.
만약 자기가 아들의 머리 위에 있는 사과를 정확히 맞추면,
당신은 꼭 사과를 사야 한다는 것이었습니다.
이 사막에는 정말이지 미친 사람들이 많이 있는 것 같았습니다.

하지만 당신은 사과를 사고 싶지도 않았고
그들의 미친 짓을 지켜보고 싶지도 않았습니다.
그래서 당신은 그들에게 사과 대신 체리를 올려놓으면
어떻겠냐고 물었습니다.
자꾸 이상한 사람들을 만나다 보니 당신 자신도
점점 이상해지고 있다는 것을 느꼈습니다.

아버지는 당신에게 이렇게 물었습니다.

**"내가 만약 이 체리를 맞춘다면
당신은 정말 이 사과를 사겠소?"**

당신은 여유 있는 표정으로 이렇게 대답하려고 했습니다.

**I will.**

왜냐하면, 그런 어처구니없는 일은 벌어지지 않을 것이
너무나도 분명했기 때문이었습니다.
만약 정말로 화살로 체리를 맞춘다면…….
에이! 그것은 정말로 말도 안 되는,
절대로 일어날 수 없는 일이었습니다.

당신은 절대로 사과를 사게 되지 않을 게
분명했습니다. 그런 상황에서라면 무턱대고 will을
사용하는 것은 조금 모순이라고 느꼈습니다.
사긴 사겠지만, 의지가 조금 약화된 표현을 하고 싶었습니다.

**I will! + 그럴 일은 없다**

하지만 I will을 약하게 표현하는 방법은
쉽게 생각나지 않았습니다.
그래서 당신은 현재형 대신 과거형으로 표현하기로 했습니다.
괜히 돌려서 말하는 것보다는 그것이 더 나을 것 같았습니다.
그래서 당신은 이렇게 이야기했습니다.

**I would!**

당신은 당신 스스로 내뱉은 이 한마디에서
다음의 두 가지를 깨우쳤습니다.
그 첫 번째는 다음과 같습니다.

**과거형 동사를 사용하는 두 가지 이유**
  1. 과거의 일이니까.
  2. 현재의 일을 약하게 말하기 위해.

이러한 법칙을 이용한다면 다음과 같이
말할 수 있을 것이었습니다.

Do you want coffee?
(커피 원하세요?)

Did you want coffee?
(혹시 커피 원하세요?)

그런데 만약 두 가지 이유 모두에 해당하면
어찌 해야할지 생각해보았습니다.
안 그래도 과거의 일인데 그걸
또 약하게 말하고 싶은 경우 말입니다.
그런 경우라면 '2단 과거'의 형태를 사용하면 될 일이었습니다.

had-과거 / loved-과거

**If I had loved you……**

(내가 널 사랑했다면…….)

would-과거 / loved-과거

**I would have loved you.**

(내가 널 사랑했을 거야.)

스스로 말하고 스스로 깨우쳐버리는
당신은 진정한 천재입니다.


두 번째로 당신이 깨우친 것은
will과 would가 모두 똑같이 미래를 의미하게 된
이유였습니다. 이것은 can과 could,
그리고 may와 might도 마찬가지였습니다.
확률을 말할 때는 특히나 약하게 말하고 싶어질 때가
많으므로 이런 현상이 일어나게 된 것이었습니다.



will  =  would
may   =  might
can   =  could

당신은 이제 꼬마 아이가 전해준 쪽지의 의미를
모두 알 수 있게 되었습니다.
그래서 기념으로 확률조동사들을 모두 정리해보았습니다.

| | 현재 & 미래 | 과거 |
|---|---|---|
| 100% | must, will, would | must have<br>would have |
| 80% | may, might | might have |
| 50% | can, could | could have |

확률조동사를 모두 정리한 당신은 기분이 좋아졌습니다.
그래서 이를 도와준 사과장수 부자에게 감사의 표시로
사과를 하나 샀습니다.
그런데 그 순간 저 멀리서 레오가
쳐다보고 있는 것을 발견했습니다.
마침 그곳에는 세 그루의 나무가 있었습니다.

# 20

의무

당신은 얼른 그중에서 가장 큰 나무로 기어 올라갔습니다.
왜냐하면, 나머지 두 그루의 나무는 키가 작았기 때문입니다.
그 작은 나무에 올라가서는 살아남을 수
있을지 확신할 수 없었습니다.
그래서 당신은 그 부자에게 이렇게 소리쳤습니다.

물론 작은 나무에 올라가는 것이 더 현명한 일일지도 모르는 일입니다.
왜냐하면, 작은 나무가 그들에게 더 가까이 있었기 때문입니다.
하지만 이미 레오를
만난 경험이 있던 당신은 큰 나무 위에 올라가는 것이
좀 더 현명한 선택이라고 생각했습니다.
그러나 그들은 당신의 조언을 듣지 않았습니다.
아니 그보다는 당신의 조언에 귀 기울일 여유 따위는 없이
허겁지겁 가장 가까이 있는 나무로 기어 올라갔던 것입니다.

잠시 후 기억하기조차 싫은 끔찍한 일이 벌어졌습니다.
꼬마의 아버지가 레오에게 잡아먹힌 것이었습니다.
꼬마는 깜짝 놀라 나무 위에서 사과를 던져댔습니다.
그러나 당신은 그것이 적절하지 않은 행동이라고 생각했습니다.
그보다는 레오의 정신이 팔려있는 사이 얼른 작은 나무에서 내려와
큰 나무로 올라오는 것이 좋겠다고 생각했습니다.
그래서 당신은 이렇게 이야기했습니다.

**You must stop that.**

**You must come up here.**

처음에 큰 나무로 올라오라고
이야기했던 것은 권장 사항이었습니다.

should – 권장 사항

**You should come up here.**

그러나 이제 꼬마가 살기 위해서는 큰 나무 위로
올라오는 것이 유일한 방법이었습니다.

must – 유일한 방법

**You must come up here.**

이렇게 해서 당신은 조동사의 세 번째 그룹인
'의무의 조동사' 그룹에 대해 생각하기 시작했습니다.
그 첫 번째는 권장 사항의 should와 필수 사항의
must에 관한 것이었습니다.
한 생명의 희생을 통해 얻은 소중한 깨우침이었습니다.

should : 권장
must : 필수

이제 레오는 돌아갔습니다.
안전을 확인한 당신은 나무에서 내려왔습니다.
그러나 꼬마는 아버지를 잃은 슬픔에 나무에서
내려올 줄을 몰랐습니다.
당신은 꼬마에게 이렇게 이야기하고 싶었습니다.

**그곳에 있을 필요 없어.**

그러나 must나 should로는 이러한 의미를
만들어낼 수가 없었습니다. '불필요'를 말해야 하는
상황인데 must나 should에 not을 붙여줘 봐야 '금지'를
의미할 뿐이었습니다. 이것은 어순 때문이었습니다.

**You should not ~.**
**should : 의무가 있다**
**not : 하지 않을**

# 21

의무가 아닌 것

그래서 당신은 꼬마를 위해
또 하나의 조동사를 만들어 냈습니다.

**must = have to**

have to는 must와 똑같은 의미였습니다.
그러나 그 모양을 보면 진짜 조동사가 아니라
이상한 조동사였습니다.
이 이상한 조동사는 평상시에는 사용법이 똑같았습니다.

You must come up here.
= You have to come up here.

하지만 not을 사용하게 되면 상황이 달라졌습니다.

You must not ~
You should not ~
You don't have to ~

not과 조동사의 위치가 달라지면서
전혀 다른 의미가 있게 되는 것이었습니다.

이상한 조동사 don't have to는 진정 신의 한 수였습니다.
이를 이용해 당신은 꼬마에게 '이제 사자가
돌아갔으니 더는 그곳에 있을 필요가 없다'는
사실을 말할 수 있게 되었습니다.

**You don't have to be there.**

(그곳에 있을 필요 없어.)

그러나 꼬마는 아랑곳하지 않았습니다.
애써 만들어낸 '이상한 조동사'의 효력이
말을 듣지 않자 당신은 짜증이 났습니다. 그러나
그렇다고 꼬마 아이를 두고 떠날 수는 없었습니다.
이제 곧 해가 지고 나면 더 위험한 일이 벌어질 수도
있는 상황이었기 때문입니다.

그래서 당신은 이렇게 이야기했습니다.

**You should not be there.**

(그곳에 있지 않는 편이 좋겠어.)

**You must not be there.**

(그곳에 있어선 절대 안 돼.)

그제야 소년은 나무에서 내려왔습니다.
그리고 당신은 해야 할 일과 하지 않을 일에 관한 표현을
정리해보았습니다.

| 해야할 일 | 불필요한 일 | 금지된 일 |
| --- | --- | --- |
| must<br>have to<br>should | don't have to | must not<br><br>shouldn't |

하지만 한가하게 조동사 표현들이나
정리하고 있을 수만은 없었습니다.
왜냐하면, 망연자실한 꼬마 아이가 옆에 있었기
때문이었습니다. 당신은 아버지를 잃은 꼬마 아이가
너무나 안타까웠고 탄식하며
이렇게 말하게 되었습니다.

**큰 나무로 올라오셨어야 했는데…….**

큰 나무로 올라왔어야 한다는 말은 이를테면
'과거의 의무'였습니다. 따라서 의무의 조동사를
다음같이 과거형으로 바꾸면 되는 일이었습니다.

**must have**

**should have**

**had to**

# 22

**과거의 의무**

그러나 이들 세 개의 표현 중에 어떤 것이 적절할지
당신의 선택이 필요했습니다.
먼저 생각해본 것은 must have였습니다.

**must have done**

must는 과거형이 따로 없으므로 어쩔 수 없이
have done을 이용해 과거를 표시해주고 있습니다.
하지만 그러나 마나 당신은 이 표현을
그냥 내다 버리기로 했습니다.
왜냐하면, 이 표현은 이미 과거의 확률에서 사용했기
때문입니다. 다른 표현들도 있는데 굳이 의미가
겹치는 표현을 사용할 필요는 없었던 것입니다.

이제 두 개의 표현이 남았습니다.

**should have**
**had to**

“have to의 과거형인 had to는 정말 간단히 바뀌는구나!”
하는 생각을 하던 당신은 순간 뭔가
매우 중요한 사실을 잊고 있다는 사실을 깨달았습니다.
‘과거의 의무’는 ‘실행한 일’과 ‘실행하지 않은 일’ 이렇게
두 가지로 나뉜다는 사실이었습니다.

이것은 이미 지난 일이기 때문에 생기는 현상이었습니다.
만약 실행한 일이라면 이런 의미일 것입니다.

**어쩔 수 없었어. (의무이기 때문에 실행했어.)**


만약 실행하지 않은 일이라면 이런 의미일 것입니다.

**그럴 걸 그랬어. (의무인데 실행하지 않았어.)**

당신은 이 두 가지 상황 중에서 실행하지 않은 일은
should have와 더 잘 어울린다고 생각했습니다.
왜냐하면, should는 have to보다 약한 '권장 사항'을
의미하기 때문입니다.


should have : 권장 사항
　　　　　　　실행하지 않았음
　　　　　　　"그럴 걸"


had to 　　　 : 유일한 방법
　　　　　　　실행했음
　　　　　　　"어쩔 수 없었어"

그래서 당신은 꼬마에게 이렇게 말했습니다.

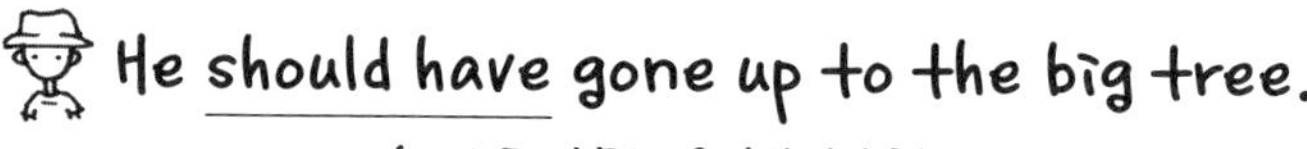 He <u>should have</u> gone up to the big tree.

(그가 큰 나무로 올라왔어야 했는데.)

꼬마가 대답했습니다.

 Yes, he should have.

그리고 당신은 이렇게도 말했습니다.

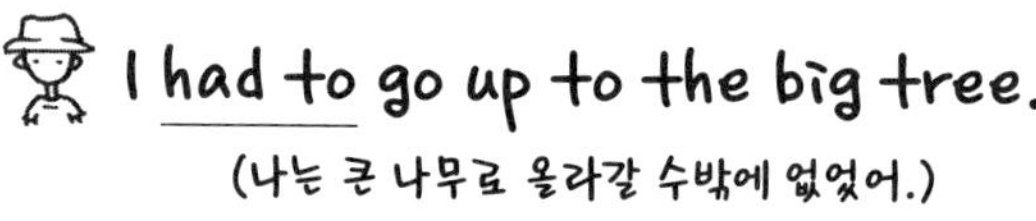 I <u>had to</u> go up to the big tree.

(나는 큰 나무로 올라갈 수밖에 없었어.)

꼬마가 대답했습니다.

Yes, you had to.

당신은 아버지를 잃은 불쌍한 아이를 두고
떠날 수 없었습니다.
그래서 당신은 아이를 돌보기로 했습니다.
아이와 당신은 서로 좋은 대화 상대가
되어줄 것이 분명했습니다.
당신은 당신이 지금까지 발견하고 만들어 낸 언어의
모든 법칙을 아이에게 설명해 주기 시작했습니다.